www.ingramcontent.com/pod-product-compliance
Lightning Source LLC
Chambersburg PA
CBHW030824090426
42737CB00009B/858
* 9 7 8 6 0 0 1 7 5 9 4 4 4 *

بسم الله الرحمن الرحيم

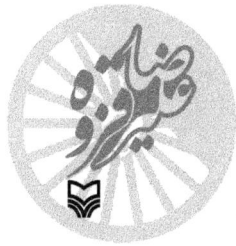

اقطار
اندیشک

انتشارات سوره مهر (وابسته به حوزه هنری)

مرکز آفرینش های ادبی

قطار اندیمشک

شاعر: علیرضا قزوه

طرح جلد: سعید باباوند

اچ انداس مدیا: تحت امتیاز انتشارات سوره مهر
چاپ بر اساس تقاضا: ۱۳۹۴

شابک: ۴- ۹۴۴ - ۱۷۵- ۶۰۰ - ۹۷۸

سرشناسه: قزوه، علیرضا، ۱۳۴۲ -
عنوان و نام پدیدآور: قطار اندیمشک /علیرضا قزوه ؛ [برای] مرکز آفرینش های ادبی [حوزه هنری سازمان تبلیغات اسلامی].
مشخصات نشر: تهران: شرکت انتشارات سوره مهر، ۱۳۹۳.
مشخصات ظاهری: ۲۳۲ ص.
ISBN: 978-600-175-944-4
وضعیت فهرست نویسی: فیپا
موضوع: شعر فارسی -- قرن ۱۴
موضوع: جنگ ایران و عراق، ۱۳۵۹-۱۳۶۷ -- شعر
شناسه افزوده: سازمان تبلیغات اسلامی. حوزه هنری. مرکز آفرینشهای ادبی
شناسه افزوده: شرکت انتشارات سوره مهر
رده بندی کنگره: ۱۳۹۲ ۷ق۸ز / ۸۱۷۴ PIR
رده بندی دیویی: ۱/۶۲فا۸
شماره کتابشناسی ملی: ۳۴۱۸۸۶۵

نشانی: تهران، خیابان حافظ، خیابان رشت، پلاک ۲۳
صندوق پستی: ۱۱۴۴ـ ۱۵۸۱۵
تلفن: ۶۱۹۴۲ سامانه پیامک: ۳۰۰۰۵۳۱۹
تلفن مرکز پخش: (پنج خط) ۶۶۴۶۰۹۹۳ فکس: ۶۶۴۶۹۹۵۱
www.sooremehr.ir

فهرست

اشاره

«شاید هر بار ما باید
با قطار قبلی می‌آمدیم ...»
و افتخار من این است که ایرانی‌ام و مسلمانم. افتخار می‌کنم به روزها
و شب‌هایی که در جنوب خدا و در آن «ییلاق تفکر» با پاک‌ترین
فرزندان این سرزمین هم‌نفس بوده‌ام؛ بچه‌هایی که نگذاشتند
حتی یک وجب از خاک این سرزمین را دشمنان سوگندخوردهٔ
ما، که از چهل و چهار کشور بودند، تصاحب کنند! و این اتفاق
مبارک برای نخستین بار در تاریخ این سرزمین رقم می‌خورد.
شعرهای این دفتر همه در یک چیز مشترک‌اند؛ شعر مقاومت‌اند
و اعتراض، برگرفته از پنج دفتر شعرم که به ترتیب سال انتشار

عبارت‌اند از از نخلستان تا خیابان، شبلی و آتش، این همه یوسف، عشق علیه‌السلام، و قطار اندیمشک.

این شعرها پاره‌های روح من‌اند و از شما چه پنهان که مثل بچه‌های مظلوم جنگ دوستشان دارم. پس تقدیمشان می‌کنم به خوبانی که عاشقانه همهٔ هستی‌شان را نثار ایمان و اعتقاد و میهنشان کردند. یادشان تا همیشه با من است.

شعرهایی از دفتر
«از نخلستان تا خیابان»

از نخلســـتان تا خیابان اولین دفتر شعر من است با شعرهایی از
سال‌های ۱۳۶۳ تا ۱۳۶۸؛ که نخستین بار در سال ۱۳۶۹ منتشر
شد. این دفتر را تاکنون شـــانزده بار انتشارات سورهٔ مهر حوزهٔ
هنری چاپ کرده است.

بوی سیب

ز تربت شهدا بوی سیب می‌آید

این بوی ناب وصال است یا عطر گل‌های سیب است؟
این نفخهٔ آشنایی بوی کدامین غریب است؟

امشب از این کوی بن‌بست با پای سر می‌توان رست
روشنْ چراغ دل و دستْ با نور «امّن یجیب» است

در سوگ گل‌های پرپر گفتیم و بسیار گفتیم
امروز می‌بینم اما مضمون گل‌ها غریب است

در مسجد سینه چندی‌ست تا صبح‌دم نوحه‌خوانی‌ست
بر منبر گونه شب‌ها این‌گونه اشکم خطیب است:

«از سنگ‌های بیابانْ خاموش بودن عجب نیست
از ما که هم‌کیش موجیم این‌گونه ماندن عجیب است»

خشکید جوی ترانه، بی‌گریه‌های شبانه
این نغمهٔ عاشقانه سوز دلی بی‌شکیب است

با اشتیاق زیارت یاران همدل گذشتند
انگار تنها دل من از عاشقی بی‌نصیب است

آذر ماه ۱۳۶۵

غزل داغداری

برای شهید بهروز مرادی و همهٔ شهیدان خرمشهر

چه تنها مانده امشب در مسیر سوگواری‌ها
دل پردرد من با کوله‌بار شرمساری‌ها

هلا، ای لاله‌های آشنا، بی‌پرده می‌گویم
شما را درد غربت کشت و ما را داغداری‌ها

سحرگاهان غنیمت می‌برم از وادی حسرت
دلی پیچیده در سجادهٔ شب‌زنده‌داری‌ها

از این میدان، خدایا، تک‌سواران رها رفتند

چه خواهد کرد طفل همتم با نی‌سواری‌ها

بهاری ناله دارم در گلو، بیهوده می‌گویند

گل آوازمان افتاده از چشم قناری‌ها

اگرچه غرق در سوزم، به امید چنین روزی

دلم را ساختم در کورهٔ ناسازگاری‌ها

خردادماه ۱۳۶۸

غزل آیینه

برای شهید علی عاصمی
فرمانده اردوگاه شهدای تخریب

سالی گذشت و باغ دلم برگ و بر نداشت
من ماندم و شبی که هوای سحر نداشت

زین داغْ سنگ سوخت، ولی من نسوختم
چشمان من شرارهٔ غیرت مگر نداشت؟

می‌خواستم دل، این دل مجروح، بشکند
تا صبحدم گریستم، اما اثر نداشت

دیشب خیال سوخته چون شمع نیمه‌جان
تا صبح از مزار شما چشم برنداشت

باور کنید آینه‌ای سوخت، خاک شد
آیینه‌ای که جز نفس شعله‌ور نداشت

یک شب، کدام شب؟ شب مرگ ستاره‌ها
یک کهکشان سوخته دیدم که سر نداشت

بر دوش باد صبح چو خاکسترش گذشت
«گفتم کفن زمانه از این خوب‌تر نداشت»[1]

آبان ماه ۱۳۶۸

۱. وامی است از استاد مشفق کاشانی.

غزل دسته‌گل‌ها

دسته‌گل‌ها دسته‌دسته می‌روند از یادها
گریه کن ای آسمان در مرگ طوفان‌زادها

سخت گمنامید، اما ای شقایق‌سیرتان
کیسه می‌دوزند با نام شما، شیادها!

با شما هستم که فردا کاسهٔ سرهایتان
خشت می‌گردد برای عافیت‌آبادها

غیر تکرار غریبی، هان! چه معنا می‌کنید
غربت خورشید را در آخرین خردادها؟

با تمام خویش نالیدم چو ابری بی‌قرار
گفتم: «ای باران که می‌کوبی به طبل بادها

هان! بکوب اما به آن عاشق‌ترین عاشق بگو:
زنده‌ای ای زنده‌تر از زندگی در یادها»

مثل دریا ناله سر کن در شب طوفان و موج
هیچ چیز از ما نمی‌ماند مگر فریادها

آبان ماه ۱۳۶۸

غزل تماشایی

برای بسیجی مفقودالاثر سید حسین طباطبایی

فدای نرگس مستت باد هزار زنبق صحرایی
هزار سر همه سودایی، هزار دل همه دریایی

میان کوچهٔ بیداران هنوز در گذر طوفان
به یاد چشم تو می‌سوزد چراغ این شب یلدایی

کنار من بنشین امشب که تا سپیده سخن گوییم
تو از طلوع اهورایی، من از غروب تماشایی

هزار شب همه شب بی تو زبان زمزمه‌ام این بود:
«بخواب تا بدمد بختت، بخواب ای سر سودایی»

چه مانده است ز ما یاران؟ دلی شکسته‌تر از باران
دلی شکسته که خو کرده‌ست به درد و داغ و شکیبایی

تو نیستی و دلت اینجاست، کنار آینه و قرآن
برادران همه برگشتند، چرا به خانه نمی‌آیی؟

آبان ماه ۱۳۶۸

آرزو (۱)

گل اشکم شبی وامی‌شد ای کاش
همه دردم مداوا می‌شد ای کاش

به هر کس قسمتی دادی خدایا
شهادت قسمت ما می‌شد ای کاش

آرزو (۲)

چرا چون خار فرسودم در این باغ
چرا بی‌داغ آسودم در این باغ

گلستان در گلستان لاله رویید
چه می‌شد لاله‌ای بودم در این باغ

دعا (۱)

من اینجا سرد سردم، ای دل ای دل
جدا از اهل دردم، ای دل ای دل

من و رفتن به سوی روشنایی
دعا کن برنگردم، ای دل ای دل

دعا (۲)

نه تن مونه نه پیراهن بمونه
مگه خاکستری از من بمونه

دعا کن گر نمونه چیزی از من
چراغ لاله‌ها روشن بمونه

شهیدان

خوشا آنان که جانان می‌شناسند
طریق عشق و ایمان می‌شناسند

بسی گفتیم و گفتند از شهیدان
شهیدان را شهیدان می‌شناسند

رفتن

کسی آهنگ رفتن می‌نوازد
سر هر کوی و برزن می‌نوازد

همه یاران من رفتند و اینک
برای رفتن من می‌نوازد

دل من

تو مثل کوی بن‌بستی دل من
تهی‌دستی، تهی‌دستی دل من

اگر یک ذره بو می‌بردی از عشق
به دنیا دل نمی‌بستی دل من

انتظار

بیا تا عاشقی را پاس داریم
سر قبر شهیدان گل بکاریم

تمام دشت یکسر لاله‌زار است
گل نرگس، تو را چشم انتظاریم

حرمت لاله

در عشق نمی‌توان زبان‌بازی کرد
می‌باید ایستاد، جان‌بازی کرد

از خون شهید شرمتان باد، مگر
با حرمت لاله می‌توان بازی کرد!؟

همسایه

آغوش سحرْ تشنهٔ دیدار شماست
مهتابْ خجل ز نور رخسار شماست

خورشید که در اوج فلک خانهٔ اوست
همسایهٔ دیوار به دیوار شماست

ای مرگ

عمری به اسارت تو بودم ای مرگ
لرزان ز اشارت تو بودم ای مرگ

امروز خوش آمدی، صفا آوردی
مشتاق زیارت تو بودم ای مرگ

صبح ظفر

گل‌واژهٔ لبّیک به لب‌ها حک بود
از وسعت گام‌ها زمین در شک بود

ای کاش در آن صبح ظفر می‌دیدی
خورشید به مشت عاشقان کوچک بود

مثنوی شرمساری

شب است و سکوت است و ماه است و من

فغان و غم و اشک و آه است و من

شب و خلوت و بغض نشکفته‌ام

شب و مثنوی‌های ناگفته‌ام

شب و ناله‌های نهان در گلو

شب و ماندن استخوان در گلو

من امشب خبر می‌کنم درد را

که آتش زند این دل سرد را

بگو بشکفد بغض پنهان من

که گل سر زند از گریبان من

مرا کُشت خاموشی ناله‌ها
دریغ از فراموشی لاله‌ها
کجا رفت تأثیر سوز و دعا
کجایند مردان بی‌ادعا
کجایند شورآفرینان عشق
علمدار مردان میدان عشق
کجایند مستان جام الست
دلیران عاشق، شهیدان مست
همانان که از وادی دیگرند
همانان که گمنام و نام‌آورند

هلا، پیر هشیار دردآشنا
بریز از می صبر در جام ما
من از شرمساران روی توام
ز دُردی‌کشان سبوی توام
غرورم نمی‌خواست این‌سان مرا
پریشان و سردرگریبان مرا
غرورم نمی‌دید این روز را
چنان ناله‌های جگرسوز را
غرورم برای خدا بود و عشق
پل محکمی بین ما بود و عشق

نه، این دل سزاوار ماندن نبود
سزاوار ماندن دل من نبود
من از انتهای جنون آمدم
من از زیر باران خون آمدم
از آنجا که پرواز یعنی خدا
سرانجام و آغاز یعنی خدا

هلا، دین فروشان دنیاپرست
سکوت شما پشت ما را شکست
چرا ره نبستید بر دشنه‌ها
ندادید آبی به لب تشنه‌ها
نرفتید گامی به فرمان عشق
نبردید راهی به میدان عشق
اگر داغ دین بر جبین می‌زنید
چرا دشنه بر پشت دین می‌زنید؟
خموشید و آتش به جان می‌زنید
زبونید و زخم زبان می‌زنید
کنون صبر باید بر این داغ‌ها
که پر گل شود کوچه‌ها، باغ‌ها

شب است و سکوت است و ماه است و من ...

شهریور ماه ۱۳۶۷

باغ نگاه

برای مجید ابوالقاسمی،
بسیجی دلاوری که دو چشمش را به ستاره‌ها بخشید

صبح، دو مرغ رها
بی‌صدا
صحن دو چشمان تو را ترک کرد
شب، دو صف از یاکریم
بال‌به‌بال نسیم
از لب دیوار دلت
پر کشید

آفتاب

خار و خس مزرعهٔ چشم تو

آبشار

موج فروخفته‌ای از خشم تو

می‌شود از باغ نگاهت هنوز

یک سبد از میوهٔ خورشید

چید!

فروردین‌ماه ۱۳۶۷

در روزگار قحطی وجدان

آن روزها که فیلَم یاد هندوستان نکرده بود
شعرهایم را در کوزه می‌گذاشتم
و آبش را با اجازه می‌خوردم
و امروز می‌خواهم شاعری باشم
با شمشیر وجدان در دست
و واژه‌هایم را به مؤاخذه بگیرم

گریستن
نخستین قطعهٔ کودکانهٔ من بود

و فقر
تنها هم‌بازی آن روزهایم
با پدری که دلش می‌خواست
یک ریال را بین دو برادر
به عدالت قسمت کند
ما با یک سماور برقی متمدن شدیم
و یادگرفتیم بگوییم:
ـ مرسی عالی‌جناب!
و امسال سال قحطی عاطفه بود
سالی که آخرین بازمانده‌های انوری
دیوانشان را چاپ کردند
و رفوزه‌های هنری
با تک‌مادهٔ دیپلم افتخار قبول شدند
و هیچ‌کس به ریش‌داران بی‌ریشه نگفت:
«بالای چشمتان ابروست!»

جنگ که تمام شد
عمو جان فرانک هم از فرانسه برگشت
هنرمندان برای گاوِ مَش حسن رمان نوشتند
و بر اساس یه قل دو قل
آخرین فیلمشان را ساختند
و هنرمندان دلسوز

در فضای ملکوتی چوب گردو

به مصاحبه نشستند

و باز همان آش بود و همان کاسه

و سان‌گلاسه

کافه‌گلاسه

کاپوچینو

و بستنی‌های هفت‌رنگ ایتالیایی

کفارهٔ این همه غفلتمان بود

وقتی دندان عقلمان عاریه‌ای باشد

باید هم عکس هنرپیشه‌ها را بزرگ کنند

و سردمداران یونسکو

برای حفظ پرستیژ حافظ

عکس شهیدان دانشگاه را جمع کنند

من بعضی وقت‌ها در خیابان

دنبال یک سر سوزن غیرت می‌گردم

بیا بی‌خیال باشیم

در روزگار چرخش‌های صد و هشتاد درجه

در روزگار جوک و غیبت

یادش به خیر

تلخ و شیرین

داریوش و گوگوش

نعمت نفتی

گل گفتی!

روزگار دمپایی‌های لاانگشتی

آدم‌های لاابالی

مسترهای امریکایی

بیا به امام‌زاده داوود برویم

کباب بره‌اش معرکه است

مطمئن باش بد نمی‌گذرد

هوای آزاد کوه‌های دربند حرف ندارد

آرامش رؤیایی

در بعد از ظهرهای کنار دریا فراموش‌نشدنی‌ست

بیا به فکر تمدن باشیم

وقتی تابوت شهید نمی‌آید

این همه خونْ حجامت ملت بود

تا حاج آقا همچنان چلوکباب سلطانی کوفت کند

تا قلیان بکشد

به تسبیح شاه مقصودش بنازد

و با تلفن زیمنس معامله کند

و گاه که هوس تمدن به سرش می‌زند

به فرنگ برود

و از شب‌نشینی‌هایش فیلم ویدیویی بگیرد
تا اگر نانش آجر شد
آجر را گران‌تر از نان بفروشد

این همه خونْ حجامت ملت بود
تا یک موی سبیل شاپورخان
سه دانگ فلان بانک باشد
تا در اداره‌ها حق و حساب بگیرند
و قایم‌باشک‌بازی کنند
تا جناب آبدارچی با تمسخر بگوید:
«اصلاً تو را چه به این فضولی‌ها ...»

راستی چرا بعضی
از سادگی انقلاب سوءاستفاده می‌کنند؟
دانشگاه به کلیله و دمنه معتاد است
معلم‌ها به رونویسی از تکلیف کبری اکتفا کرده‌اند
و هنرمندان مرتب برای هم
جادو جَنبل می‌کنند

همسایهٔ بغلی ما شخص شریفی‌ست
با هشتصد متر بنا
به دنیا اعتقاد ندارد

یک پایش این دنیاست
یک پایش آن دنیا
او در پاک کردن حساب مردم مهارتی خاص دارد
و از «و لا الضّالین» همه ایراد می‌گیرد
هر وقت جنگ جدّی می‌شد
به جبهه می‌رفت
و یک تغار آب پرتقال تگری می‌خورد
او از خدا چند هزار رکعت طلبکار است
و خاطرخواه جیب‌های برآمده است
بی‌خبر از همه‌جا
برای بنیاد نبوت صلوات می‌فرستد
و گاه مارکوس را محکوم می‌کند
تا سیاستش عین دیانتش باشد

بگذار اندیشه‌های شاعری دق‌مرگ شود
بگذار چانهٔ شاعری درد بگیرد
قانون ماست‌مالی شود
بگذار حاجی آقا برای امام حسین(ع) بوقلمون بکشد
و مرغ کوپنی
برایش واژهٔ خنده‌داری باشد
بگذار صغری سر بچه‌هایش را

با سیراب و شیردان گرم کند

زینب همچنان پیه آب کند

مادر سه شهید دق کند

امام خون دل بخورد

حلیمه به خاک سیاه بنشیند

و حاجی آقا صیغهٔ چهاردهمش را بخواند

خدایا، به ما اسلام ناب امریکایی عطا کن

تا از هر اتهامی مبرّا باشیم!

پاییز ۱۳۶۶

مولا ویلا نداشت

گفتم: چیزی بخوان

گفت: شرمنده‌ام

یک سال است چیزی نگفته‌ام

گفتم: برای عاطفه‌ای که در ما مرده است

رحم الله من یقرء الفاتحه مع الصلواة!

گفتم: چیزی بخوان

گفت: رویم سیاه

آخر می‌دانی که ...

گفتم: می‌دانم. خشک‌سالی‌ست

اما در کیف‌های سامسونت هم

یک خروار مضمون ناب خفته است

امسال شعرها چنگی به دل نزد

رباعی‌ها مثل هم بود

بعضی خودشان را کشف کردند

بعضی خودشان را باور کردند

بعضی خودشان را گم کردند

بعضی در مصاحبه‌هایشان خودکشی کردند

شاعران پروازی

هتل‌بازی

آدم‌های از خودراضی

دکه‌های سکه‌سازی

اصلاً مردم حق دارند کاسهٔ انوری را بر سرتان خرد کنند

کارمندان هنر فقط گزارش کار پر می‌کنند

وقتی تابوت عاطفه بر زمین مانده بود

جمعی به جیغ بنفش می‌اندیشیدند

و برای کشف زوزهٔ صورتی

هفت مرتبه «الیوت» و «اکتاویو پاز» را ورق می‌زدند

چقدر وقت ما صرف آدامس‌های بادکنکی شد

بعضی شعرهایشان را

به مینا و آیدا و سوزی تقدیم می‌کردند

احمق‌ترها برای گرفتن نوبل

به شبکه‌های بی‌بی‌سی و واشنگتن دخیل می‌بستند

امروز هم بینش هنرمندان

از سقف تالارها بالاتر نمی‌رود

بهار برای مردم آواز می‌خواند

خدا برای مردم نقاشی می‌کشد

نقاش‌ها فکر می‌کنند زندگی یعنی فتح قلهٔ پیکاسو

خطاط‌ها برای خدا خط و نشان می‌کشند

قصه‌نویس‌های شنگول

در زمستان هم حبهٔ انگور می‌خورند

شاعران را میل جاودانه شدن کور کرده است

شاعران کم‌حوصله شده‌اند

می‌ترسم روزی به نام تمدن

به گردن بعضی زنگوله بیندازند

می‌ترسم شلوارهای جین و چارلی کار دستمان بدهد

و شکلات‌های انگلیسی دهانمان را ببندد

گاوهای چشم‌چران، آزادانه، در خیابان می‌چرند

پسرخوانده‌های مایکل جکسون به دانشگاه می‌روند

انیشتین بی‌خوابگاه می‌ماند

دیوار مسافرخانه‌های ناصرخسرو

فرمول نسبیت را از بر می‌کند

با این همه، در دانشگاه ما

یک استاد ننر پاپیون می‌زند
و فرانسه صحبت می‌کند
شُعرای سبک قصیده و عینک
برای اهل قبور شعر می‌خوانند
بوفالوهای امریکا خلیج‌فارس را شخم می‌زنند
برادرم با پوتین‌های کهنهٔ سربازی‌اش
بسیج می‌شود
مادرم آب و آیینه و قرآن می‌آورد
پدرم «فالله خیر حافظا» می‌خواند
اما بعضی خاطرشان جمع است
که ناوگان امریکا
به استخرهای سرپوشیده‌شان کاری ندارد
کامبیز خان دوست دارد پسرش را آلفرد صدا کند
آلفرد فکر می‌کند
از دماغ فیل افتاده است
برای همین می‌خواهد به هندوستان پناهنده شود!
گیتی گیتار را ترجیح می‌دهد
سوزی بی‌آنکه خجالت بکشد
نامهٔ بوی‌فرندهایش را برای مادرش می‌خواند
رادیو از ماووت می‌گوید
مادرم آماده می‌شود به بهشت‌زهرا برود
امروز پسر همسایه‌مان شهید شد

اما این باعث نمی‌شود که ساسان
دوستانش را به قهوه و اسب‌سواری دعوت نکند
و برای سگش بستنی نخرد

شاپور خان اما عاشق فیلم‌های سرخ‌پوستی‌ست
و این را از افتخاراتش می‌داند
که در امریکا همبرگر را درست تلفظ می‌کرده است
شاپور خان به مشتری‌هایش سیگار وینستون تعارف می‌کند
و مطمئن است که قیمت سکه و طلا
پایین نمی‌آید
او فکر می‌کند هنوز هم خرمشهر
دست عراقی‌هاست
و چقدر خوشحال است که پسرش را معاف کرده‌اند
امسال به ساعت‌های کاسیو اطمینان کردیم
و نماز صبح‌مان قضا شد!
دلالان کامپیوتر و روغن چراغ
دلالان شیر مرغ و جان آدمیزاد
با ارز غیر آزاد تجارت می‌کنند
شرکت‌های ثبت‌نشده
سیاست‌بازان لرد مستضعف
جیب‌برهای باجواز
جیب‌برهای بی‌جواز

غول‌های پوشیده در لباس مذهب

مقاطعه‌کاران خیابان زعفرانیه

شرکت صادرات زعفران

شرکت صادرات فرش ...

خجالت هم چیز نایابی‌ست

حتماً باید مسئلهٔ جنگ بماند برای بعد از جنگ

سیاست‌بازان باز سرگیجه گرفته‌اند

اصلاً گور پدر مال دنیا

ریاضت‌کش به ویلایی بسازد

باری ما هر چه می‌کشیم

از دست مرغ و بنز و ویلاست

ما هر چه می‌کشیم از این‌هاست

اصلاً با این طرح چطورید

جان دادن از ما

طرح اقتصادی از شما!

من فکر می‌کنم شاعری زخم زبان می‌خواهد

نه مبانی نه بیان می‌خواهد

شاعر یعنی موی دماغ سیاست‌بازان

شاعری که با خیال راحت می‌خوابد

اصلاً شاعر نیست

بیا به آفتابی نهج‌البلاغه برگردیم

چرا نهج‌البلاغه را جدّی نمی‌گیریم؟

مولا ویلا نداشت

معاویه کاخ سبز داشت

پیامبر به شکمش سنگ می‌بست

امام سیب‌زمینی می‌خورد

البته به شما توهین نشود

بعضی برای جنگ شعار می‌دهند

و خودشان از جادهٔ شمال به جبهه می‌روند

پیش از آنکه بر من حدّ تهمت جاری کنید

من بر خویشتن حدّ وجدان جاری کرده‌ام

من دو شاهد عادل دارم:

قرآن و نهج‌البلاغه

من چاپلوس نیستم

تملق نمی‌گویم

اما قدر امام را می‌دانم

بیایید قدر مردم را بدانیم

بیایید مثل مولا با مردم هم‌دردی کنیم

بیایید امام را اذیت نکنیم

بیایید امام را نصیحت نکنیم

اردوگاه‌های فلسطینی را نگاه کن

ابوالفضل با مشک تشنه برمی‌گردد

صدای گریهٔ رقیه را می‌شنوی؟

گورباچف و ریگان هم کاندید صلح نوبل شده‌اند
قرآن فهد زیباتر از قرآن قابوس چاپ می‌شود
عرفات شلوار اسرائیلی می‌پوشد

راستی یاد شهیدان بیت‌المقدس به خیر!
جهان‌آرا که بود؟
حاج همت که بود؟
حاج عباس از دنیا تنها یک قرآن جیبی داشت
شهید خرازی
شهید نوری
سرداران بی‌دست
شهیدان گمنام
بی یادنامه
بی سنگ قبر
عاصمی پودر شد
یوسف نوشته بود:
«خدایا، یوسف هم شهید می‌شود
او را بیامرز»
اسماعیل وصیت کرد روی قبرش بنویسند:
«پر کاهی تقدیم به آستان الهی»
امسال هیچ شاعری با حلق اسماعیل هم‌صدا نشد
راستی، شمارۀ قطعۀ شهدا چند بود؟!

خنده و چشم‌بندی
شوهای تالار وحدت
هنرمندان فخرفروش
خدا کند «روایت فتح» را فراموش نکنیم
امسال در جلوی امجدیه کوررنگی بیداد می‌کرد
امسال همه‌چیز را
یا آبی دیدیم یا قرمز
امسال هم انصاف‌های ما حسابی چُرت زد
امسال وجدان‌های ما آنفولانزا گرفت
امسال تاکسی‌ها به پاهای قطع‌شده
با دندهٔ چهار احترام گذاشتند
چرا باید از زیر روسری‌های ژرژت
رشته‌های جهنم شعله بکشد؟
مگر اینجا الجزایر است؟
امسال در خیابان ولی‌عصر (عج)
هیچ‌کس مثل خود «آقا» غریب نبود!
یک روز یک کراواتی سرمایه‌دار
با بنز قهوه‌ای‌اش از جلوی پایم ویراژ داد
و به عبای وصله‌دارم وصله‌های عوضی چسباند
دیشب جلوی میهمانم تخم‌مرغ آب‌پز گذاشتم
دیشب مادرم با چای و کشمش سر کرد
او قلبش برای انقلاب می‌تپد

اما وسعش نمی‌رسد یک نوار قلب بگیرد

و من می‌دانم که نوار قلب هم

همهٔ منحنی‌های دردش را نشان نمی‌دهد

مادرم دفترچهٔ خدمات درمانی ندارد

و همیشه ابوالفضل به دادش می‌رسد

او برای شهیدان اشک می‌ریزد

حلوا می‌پزد

و به ما یاد می‌دهد که چگونه شب‌های جمعه

با چهار قاشق حلوای نذری سیر شویم

او قبر شهیدان را با دست می‌شوید

وقتی بادْ چادر وصله‌دارش را تکان می‌دهد

بوی فقر و غربت

تمام پرچم‌های سبز و سرخ را به بوسه می‌گیرد

او یک شب خواب خیمه‌های امام حسین(ع) را دید

خواب زینب را

خواب رقیه را

و فردایش مرا به آقا سپرد و روانه کرد

یک بار هم در خواب

آیندهٔ سبز برادرم را دید

و فردا وقتی خوابش را تعریف می‌کرد

مارش حمله می‌زدند

او نمی‌داند کادیلاک چه جانوری‌ست

و داخل هواپیما چه شکلی‌ست
اما خوب می‌داند
که شمشیر امام حسین (ع) از طلا نبوده است
و امام زمان در جزیرهٔ خضرا نیست
او قلبش برای انقلاب می‌تپد
و هر شب دعا می‌کند که پیروزی با امام باشد
و آقا بیاید

زمستان ۱۳۶۶

از نخلستان تا خیابان

و تهمتْ صلهٔ شعرهای من شد!
دلتنگ نیستم
و کفی بالله شهیدا
ببخشید اگر پایم را
از گلیمم بیشتر دراز کردم
تقصیر کوچکی گلیم بود!

سکوت کردم
واژه‌ها به من سیلی زدند!

سکوت کردم

تقدیرنامه‌ها مرا سرزنش کردند!

تقدیرنامه‌ها مرا نفرین کردند

سکوت کردم!

واژه‌ها چون گدایان سمج

مرا التماس کردند!

حق با جازهای تالار وحدت بود

شاعر باید دست بزند

شاعر باید بست بزند

شاعران وقت‌شناس همیشه سر وقت می‌رسند

شاعر وقت‌شناس یعنی شاعر هواشناس

پس از ده سال هوا مساعد شده است

آن‌قدر که می‌شود از دربار فرح و جشن‌های تخت جمشید

تا کنگرهٔ حافظ را با سر دوید

و در برگشت از خیابان حافظ سر درآورد

شاعر وقت‌شناس کسی‌ست که نان را

به نرخ روز می‌خورد

در میتینگ‌های ادبی

از سالن هتل‌های مجلل سر درمی‌آورد

شاعر وقت‌شناس باید فقط زیبایی‌ها را ببیند

مهم نیست اگر صندلی‌های چرخ‌دار
چرخ غرور می‌زنند
مهم نیست اگر به اسلام وصلهٔ ناجور می‌زنند
شاعر باید مگسش را بپراند
شاعر باید چشمش کور باشد
راستی، اگر راست می‌گویی، قصیده‌ای بگو!

روی گل می‌نشستم
اگر حرمت گل‌ها را داشتند
در لاک خود فرو می‌رفتم
اگر ناخن‌های لاک‌زده
صورت انقلاب را نمی‌خراشیدند
حتی شاید به پارتی می‌رفتم
اگر پارتی‌بازی نمی‌شد
ای دوست
از من جان بخواه
اما، فریاد سهم من است
چنان که سهم ابوذر بود

دیشب در نهج‌البلاغه با کسی بودم
که مرا پابه‌پای خویش تا نخلستان‌های کوفه برد
از نخلستان صدای گریه می‌آمد

دیشب به مضامین مظلوم نهج‌البلاغه می‌اندیشیدم
که ابوذر از راه رسید
این بار پابه‌پای ابوذر رفتم
از نخلستان تا خیابان
از چارراه درد گذشتیم
از چارراه فقر
که اعتراض ابوذر مرا به خود آورد:
ـ اینان برادران علی (ع) هستند
من می‌گذشتم و ابوذر فریاد می‌زد:
چرا شریح قاضی‌ها رسوا نمی‌شوند؟
من می‌گذشتم و ابوذر
از کنار این همه تفاوت نمی‌گذشت

دردا که به ابوذر تنه می‌زدند
دردا که به ابوذر طعنه می‌زدند
دردا که اعتراض ابوذر
در لابه‌لای همهمه‌ها گم شد
بگذار ملوک
به آرامگاه خانوادگی‌اش بنازد
و هر روز عکس پدربزرگش را بزرگ کند
تا همه بدانند
نجیب‌زادۀ قاجاری‌ست

و از روی قصد
کوچهٔ شهید صداقت را
کوچهٔ اعتصام‌السلطنه بنامد
دیروز در خیابان زنی را دیدم
که مانتوهای سبک سامورایی را تبلیغ می‌کرد
با آستین‌های تنگ
مخصوص آنان که با تیمم نماز می‌خوانند
و تاجری سه‌تیغه را
که به مرد شش میلیون دلاری محل نمی‌گذاشت
هزار تا چاقو می‌ساخت
همه‌اش را احتکار می‌کرد
در یک گوشه مردم با دو حلقه لاستیک خوشبخت
می‌شدند
در بالای شهر به نیت چهارده معصوم
آپارتمان‌های چهارده طبقه می‌ساختند
قاضی‌ای در یک روز
از دو طرف
سه بار سفارش شد
من کلاهم را قاضی کردم
جهنمی شد
مردم اما سوار سرسرهٔ بی‌خیالی شده بودند
و مرتب قلعه‌ها و اسب‌هایشان را به رخ هم

می‌کشیدند
از بعضی مجلات
بوی ادوکلن شب‌های پاریس متصاعد بود
من اما به واقعیتی می‌اندیشیدم
که در تاریکی شب سطل‌های زباله را می‌کاوید!
امشب به علی(ع) خواهم گفت:
اینجا کسی انبان نان به دوش نمی‌گیرد
اینجا چقدر دروغ می‌گویند
اینجا عقیل درد فقیری نمی‌کشد
اینجا نهج‌البلاغه را
در کتابخانه‌های چوب گردویی زجر می‌دهند

من خبر موثق دارم
هنوز در بیمارستان‌های بلوار کشاورز
هیچ کشاورزی پذیرش نمی‌شود
و با پول بیت‌المال
رپرتاژ تسلیت چاپ می‌کنند

بیایید به دلارها
به چشم یک اجنبی نگاه کنیم
بیایید با ماشین بیت‌المال
به خانهٔ باجناقمان نرویم

بیایید مظلومیت علی (ع) را صادر کنیم

و صداقت امام را

بیایید استقلال را

در ورزشگاه آزادی جست و جو نکنیم

باور کنید حمام‌های سونا

ما را بی‌بخار بار می‌آورد

دریغا که هنوز شاعری

خود را به آب و آتش می‌زند

و آب از آب تکان نمی‌خورد!

ای کاش دندهٔ اخلاصمان نمی‌شکست

ای کاش سجادهٔ ایمانمان

نمی‌پوسید

بیایید به گناهانمان اعتراف کنیم

ما چقدر زود دچار فراموشی شدیم

باور کنید پیش‌تر

بهتر از این بودیم

بیایید استغفار کنیم

خدا ما را خواهد بخشید

بهمن ماه ۱۳۶۷

بر شاخه‌های تهی

صادق
بگو که راست می‌گویم
بگو که کودکان سنگم نزنند
و دست عاطفهٔ سرگردانم را بگیرند
بگو که می‌خواهم چشمانم
مزارع آفتابگردان باشد
من می‌توانم فراموش کنم
دستان ترک‌خوردهٔ پدرم را
می‌توانم با یک جفت کفش براق

و یک عینک پنسی
با پرستیژترین روشن‌فکر شوم
می‌توانم به خودم سلام کنم
تا جواب سلامی را داده باشم
ـ می‌خواهی یک روز در میان
تجدید چاپ شوی؟
گفتم: عاطفه‌ام را به حراج گذاشته‌ام
ارزان می‌خرید!

صادق
آیا نمی‌بینی که شهر
حافظه‌اش را از دست داده است؟

آیا دروغ بود عدالت
دروغ بود عشق
و مردانی که به آسمان رسیدند؟
ای شهر
چگونه پلک‌هایت را بسته‌ای
بر رقص عروسک‌ها
وقتی مردان رستاخیز
تعظیم می‌کنند
و بزرگ می‌شوند

و بر برگهٔ حقوق

نماز وحشت می‌خوانند

ـ سلام آقای شعار

سلام آقای هوار

سلام آقای سه‌طبقه

آقای شش‌طبقه

آقای نه‌طبقه

آقای محلل

ـ ایشان فرزند فلانی‌اند

قبول کن

به عدالت نمی‌رسیم

از دست توله‌های خرس

بگذار خودم را چیز خور کنم

دیروز کتاب‌هایم را فروختم

ـ امروز نوارهای دلتنگی‌ات را بفروش

ای دریغا

دوران سازندگی

و برازندگی

ـ شاعر، صبور باش

صادق

اینجا یک‌صد هزار حنجرهٔ سرخ

و یک حنجرهٔ سبز

ترانهٔ صبر خواندند

بگذار صبر کنم

اما روزی که نیستم

از مردانی بگو

که مشک پاره پارهٔ صداقت را

در دست داشتند

و تمامت خویش را

در پای عشق ریختند.

صادق

به دست‌هایم نگاه کن

تهی‌ست

آیا پرندگان

بر شاخه‌های تهی فرود می‌آیند؟

آیا پرندگان

بر شاخه‌های تهی آواز می‌خوانند؟

صادق

باور کن اینجا چیزی گم شده است

در چشم گرسنگانی که قرن‌هاست

پیراهن تنشان را فروخته‌اند

... و خواب دیدم هنوز
با مردانی می‌روم که پیشانی‌شان سبز است
و خواب دیدم به استقبال مردی می‌رویم
که اسب سپیدش
در افق‌های دوردست رهاست.

منظومهٔ از خاک تا ماه

طوفانی در راه است

و مردی می‌آید

سنبله‌ها به استغاثه می‌افتند

باران خون می‌بارد

آسمان شکاف می‌خورد

ماه آتش می‌گیرد

ابرها کوه می‌شوند

کوه‌ها فرو می‌ریزند

و هزار پرنده بر زمین چتر می‌گشاید

پدر از قاب عکس قدیمی

بیرون می‌پرد

تا در کنار حوض کوچکمان

وضو بگیرد

طوفانی در راه است

که به هیچ‌کس رحم نمی‌کند

حتی به مردان خیلی انقلابی

که همیشه در صف اول‌اند

هر شب یک‌صدهزار ستاره

بر وطنم اشک می‌ریزند

آیا خاموش بمانم؟

آی! مردان چرت

مردان خط و خط‌بازی

مردان خرناسه

هنوز نیزه‌های شکسته برجاست

آن‌سوتر

هنوز سرهای تابناک

بر نیزه‌هاست

آه! دوست من

چگونه خاموش بمانم؟

مرا ببخشید

ببخشید اگر ستاره نشدم
دیشب در خانه‌ام
بنفشه‌های کاغذی شکفتند
دیشب برای خانه‌ام
چراغ خواب خریدم
دیشب خاطرات قدیمی‌تان را
به دست بادهای سرد سپردم
دیشب عکس‌هایتان را ورق زدم
ببخشید اگر نامتان را فراموش کرده‌ام

احساس می‌کنم
برای شاعر شدن باید کوچک شد
باید سنگ شد
باید به دیوارها سلام کرد
به آنان که سند جعلی ستاره‌ها را
به پیشانی‌شان چسبانده‌اند
مرا ببخشید اگر ستاره نشدم

و جنگ بلا نبود
بلا دروغ بود
ما مرگ را بوسیدیم
و مرگ دایهٔ ما بود

و جنگ بلا نبود

بلا خرناسه بود

بلا نقرس بود

طوفانی در راه است

و مردی می‌آید

از سمت بهشت‌زهرا

با سربازانی پابرهنه

که از چشمانشان لاله می‌چکد

مردی می‌آید

که از شعار و حرف زیادی بدش می‌آید

مردی که به پاترول‌ها سواری نداده است

و کلکسیون ماشین ندارد

ـ مرا به سکوت می‌خوانی؟

شهیدان را بهانه می‌کنی؟

آنان که رفته‌اند

بر پیشانی‌شان ستاره داشتند

و تو مانده‌ای که فردا

چند ستاره بر شانه‌ات سبز شود

می‌دانم

فردا درخت ستاره گل خواهد داد

ما خوشبخت می‌شویم

و زمین به آرزویش خواهد رسید

امشب اما فریادم را

به پیشواز مردی خواهم برد

که هنوز توبرهٔ شبانهٔ پدرانش را

به دوش دارد

من هیچ چیز ندارم

جز مشتی ترانه

چرا بترسم

وقتی می‌دانم فردای واقعی‌تری داریم

امشب اما نگاه کن

آسمان چگونه لبخند می‌زند

دیشب نبودی

تمام دیشب را ستاره چیدم

تمام دیشب

پرندگان در چشمانم فرود آمدند

تمام دیشب

نیلوفران در برکهٔ نگاهم تن شستند

تمام دیشب

پرسشی را تکرار کردم:

«آیا خورشید روزهای آینده

عمودتر خواهد تابید؟»

او را برای دعا به آسمان بردند
در مسجدی که مسیح(ع) و محمد(ص)
با هم نماز می‌خوانند
او را با پیکری شکسته به آسمان بردند
شکسته‌تر از مسیح(ع) و موسی(ع)
آن شب آن‌قدر طوفان وزید
آن‌قدر ستاره فروبارید
که تمام ما گم شدیم
زمین را دشنام دادیم
سنگین شد
کوچک شد
ـ چون پتکی ـ
و بر سرمان فرود آمد
زمین را دشنام دادیم
شکافت
چاه شد
و در چاه افتادیم
و یوسف با ما بود
سحرگاه کاروان صبوری رسید
و نام بزرگ ما را پرسید

گفتیم:
یوسف بزرگ ماست
و می‌داند
باید گرسنگان زمین را دریابد
یوسف عزیز ماست
و ما را به فرش‌های نفیس نمی‌فروشد

باید دریا را در زمین می‌کاشتیم
باید تمام دلمان را خاک می‌کردیم
با دست‌هایی که پیش‌تر
در خاک می‌شدند
فرمانروای ما
مرگ را مجذوب کرده بود
با تربت حسین (ع) در کف
و خلعتی متبرک
فرمانروای ما
کهکشانی بود
که به زمین نزدیک شد

غروب‌ها
دروازهٔ بهشت را می‌گشایند
و مردان سبزپوش می‌آیند

و من می‌پرسم:
«آیا خورشید روزهای آینده
عمودتر خواهد تابید؟»
او نمی‌آید
اما طوفانی در راه است
و مردی می‌آید

ـ خدا قبیله‌ام را حفظ خواهد کرد
فرمانروای ما گفت
و خفت

شب آرام بر مصلی می‌گریست
با هزار هزار ستاره
و چشم‌ها فانوس عزا بودند
و مردانی
با هزار هزار فانوس
از جنوب خدا می‌آمدند
تمام شب طوفان وزید
از خاک تا ماه
و ماه نحیف شد
و ما همچنان مصیبت خواندیم ...
اکنون تو در کجا خفته‌ای

که بی هیچ تشویشی
لبخند می‌زنی؟
خاکیان را به حال خودشان بگذار
مردان بهشت آمده‌اند

آه! دوست من
چگونه خاموش بنشینم
چگونه خشمگین نباشم
انگار همه قصد ماندن کرده‌اند
و طوفانی در راه است
و مردی می‌آید!

شعرهایی از دفتر « شبلی و آتش»

چـــاپ اول و دوم ایـن کتاب را انتشـــارات «محراب اندیشـــه»
و «اهـــل قلم»، در ســـال‌های ۱۳۷۲ و ۱۳۷۴، انجـــام دادند.

غزل خاطرات

در کوله‌بار غربتم یک دل از روزهای واپسین مانده‌ست
عباس‌های تشنه‌لب رفتند، مشک صداقت بر زمین مانده‌ست

من بودم و او بود و گم‌نامی، نامش چه بود؟ انگار یادم نیست!
بر شانه‌های سنگی دیوار نام تو ای عاشق‌ترین مانده‌ست

مثل نسیم صبح نخلستان، سرشار از زخم و سکوت و صبر
رفتید، اما در دل هر چاه، یک سینه آواز حزین مانده‌ست

«رفتیم اگر نامهربان بودیم» ـ رفتند اما مهربان بودند ـ
«رفتیم اگر بار گران ...»، آری، بار گرانی بر زمین مانده‌ست

بر شانهٔ خونینتان یاران، یک بار دیگر بوسه خواهم زد
بر شانهٔ خونینتان عطرِ تابوت‌های یاسمین مانده‌ست

ز آنان برای ما چه می‌ماند؟ یک کوله‌بار از خاطرات سبز
از من ولی یک چشم بارانی، تنها همین، تنها همین مانده‌ست

۱۳۶۹

غزل درد

به سید مرتضی آوینی

ای یکّه‌سوار شرف، ای مردتر از مرد
بالایی من، روح تو در خاک چه می‌کرد؟

می‌گفت: بمان! ـ عشق چنین گفت که بشتاب ـ
می‌گفت: برو! ـ عقل چنین گفت که برگرد ـ

دیروز یکی بودم با تو، ولی امروز
تو نورتر از نوری و من گردتر از گرد

یک روز اگر از من و عشق و تو بپرسند:
«پیغمبرتان کیست؟» بگو درد، بگو درد

ای چشم و زبان شهدا، هیچ زبانی
چون حنجره‌ات داغ مرا تازه نمی‌کرد

۱۳۷۱

دوبیتی‌ها

۱

تنت خونی، لباست پاره‌پاره
خودت ماهیّ و چشمونت ستاره
نمی‌دونم کجایه قبرت، اما
الهی نور بر قبرت بباره

۲

گل شمشاد من، شاد یتو بینم
دلم می‌خواد داماد یتو بینم
نسیمی می‌وزه از کوی غربت
الهی روز آزاد یتو بینم

۳

دلم زندونیِ زندون بغداد
«فلک داد و فلک داد و فلک داد»
فلک، گیرم دلم رو کردی آزاد
نشون منزلش رو برده از یاد

۴

بی تو، بی تو، شب و روزم سیاهه
نصیبم درد و داغ و اشک و آهه
خودم بردم تو رو در خاک کردم
ولی بازم دو چشمونم به راهه!

۵

زمین بازیچهٔ بود و نبوده
که زیر چشم این گنبد کبوده
کنار رود کارون جون سپردی
دو چشمم بعد تو زاینده‌روده

۶

من و داغ شهیدون، داد و بیداد
کنار رود کارون، داد و بیداد
شب غربت، سر قبر عزیزون
دل من موند و بارون، داد و بیداد

۷

من و بارون دو همزاد بهاریم
من و بارون دو چشم بی‌قراریم
بیا بارون، سر قبر شهیدون
بباریم و بباریم و بباریم

۸

ستارهٔ آسمون از من جدا شد
ستارهٔ آسمون مرغ هوا شد
تموم نعش او خاکستری بود
که اون هم رفت و خاک کربلا شد

۹

ستارۀ آسمون، نون آورم رفت
ستارۀ آسمون، تاج سرم رفت
گمونم باز اینجا کربلا شد
هنو قاسم نیومد، اکبرم رفت

در ناگهانی از گل و لبخند

ناگهان در ناگهانی از گل و لبخند
بازمی‌گردند
در خیابان
رودی از رنگین‌کمان
آواز می‌خواند
آسمان دف می‌زند
با هفت دست سبز و پنهانی
مردگان و زندگانش گرمِ هم‌خوانی:
کاش برگردند یک شب

آسمان مردان خاکی‌پوش
صبح‌رویانی که در بارانِ آتش چهره می‌شستند
کاش برگردند
دستمال خونشان را
روی فرق چاک‌چاک خاک بگذارند

ناگهان در ناگهانی از گل و لبخند
بازمی‌گردند
زخم‌های بی‌صدا گل می‌دهد
تن‌های بی سرْ گل
دست‌ها گل می‌دهد
پای برادرْ گل

ناگهان در ناگهانی از گل و لبخند
بازمی‌گردند
بچه‌های «آه مادر کاش وقت نامه خواندن بود»
بچه‌های «همسرم بدرود»
بچه‌های «کاش بودی! کاش می‌دیدی!»
بچه‌های «تا قیامت برنمی‌گردیم»...

انتهای جادهٔ ایثار
بچه‌های کربلای چار

این زمان اما

دست بر زخم دلم مگذار

زخم‌ها جانی بگیرد کاش

کاش طوفانی بگیرد

کاش ...

زرقاء[1]

تقدیم به آوارگان کُرد عراقی

ــ افقی مرده می‌بینم

و کبوتری حیران

زرقاء

دگر چه می‌بینی؟

ــ کوه را گرگ می‌بینم

و زمانه را دشنهٔ دزد

---

۱. زرقاء یمامه زنی اســـت در افسانه‌های عرب؛ آورده‌اند که تا چند روز راه را به چشم می‌دیده و در جنگ‌ها نقش دیده‌بان داشته است.

درهای بسته می‌بینم
عنکبوتی دیوانه می‌بینم
آتش می‌تند
برای صید عقاب
نی‌لبک خورشید را
شکسته‌می‌بینم
گوران بی‌شماری می‌بینم
عبدالله را گریان می‌بینم در خواب
و مژگان شیرکو را سوتماک[1]

زرقاء
آیا صنوبران سنگ شده‌اند؟
ـ صنوبران را سنگ می‌بینم
و آسمان را
گلی پرپر
پنجاه زنبق شهید می‌بینم
بر جاده‌های کبود از برف
زرقاء
دگر چه می‌بینی؟
ـ اشک‌های خودم را می‌بینم!

۱۳۶۹

---

۱. گوران، عبدالله پشیو، و شیرکو بیکس سه تن از شاعران شهیر کُرد عراق‌اند. سوتماک، به معنی کشتزار سوخته، نام یکی از شعرهای شیرکو است.

در باغ‌های سارایوو[1]

سرها شکوفه‌های ریخته در بادند

و ماه

پنجره‌ای برای گریستن

کاش زمین را آب می‌گرفت

نوح می‌آمد

انسان پرنده می‌شد

و درخت

پلی به سمت خدا

---

۱. سارایوو، ماگلای، یائیتسه، و موستار از شهرهای جمهوری بوسنی هستند.

آن‌ها نمی‌دانند
این داغ
تمام موی زمین را سپید خواهد کرد

آمدند و رفتند
دهانشان از نفرت پر بود
تنها سرنیزه‌هاشان
بوی گل می‌داد

از شکاف زخم‌ها
وارد شدند
رگ‌ها
غارت شدند
لبخندها
آتش
شهرْ زخمی
ماه
در حوض خانه‌ها
خون بالا آورد

ماگلای من
پرندگانت دود می‌شوند

ماگلای من
در آسیابت خون می‌ریزند
باروت می‌برند
در چشمانت قلاب می‌اندازند
قلب بالا می‌کشند
صدای درختانت گرفته است
در موستار
بارانِ مردمک می‌بارد

ستاره‌های یائیتسه مُردند
ستاره‌های یائیتسه
فریاد می‌زدند
وقتی که مرگ به دیدنشان آمد

دستمالی بر دهان ماه
که سالْ سال تفنگ بود
و سال مرگ سوسن و شب‌بو
آسمانْ دشوار نفس می‌کشید
عقربه‌ها آب شدند
پرنده‌ها خاکستر
روزها زنگ زدند
تقویم‌ها مُردند

و آفتابگردان‌ها
نشسته نماز خواندند

چه کس فانوس زمین را روشن می‌کند؟
چه وقت خیابان کفن می‌پوشد؟
و به خانه‌ها می‌ریزد؟

(به خواب می‌روم)
برای کودکانت می‌چینم
خرمای بغداد و
نیشکر هاوانا را
زیتون‌های طرطوس
و اشک کودکان وطنم را
«از این ستاره تا آن ستاره»
تاب می‌بندم
تا یتیمانت بازی کنند
درهای بسته را می‌کوبم
ناقوس‌ها را سیلی می‌زنم
مدام تیر خلاص می‌خورم
مدام خواب یاسمن می‌بینم
در باغ‌های سارایوو
کودکی

از لبخندش
خون می‌چکد
بر آینه‌ای مرده

ملحفهٔ آسمان خونین است
خورشید
بر تخت بیمارستان
پاشویه می‌شود
صندلی‌های چرخ‌دار
بال درآورده‌اند
پیراهن‌های خاکی
در گنجه‌ها می‌گریند
(بیدار می‌شوم)
با چشم‌های آبی‌ات مرا می‌نگری
تنها برایت
پیام‌های تسلیت مانده‌ست
اخبار ساعت شش
حرفی نداشت
اخبار ساعت هفت
خونین بود
اخبار ساعت هشت
زرد

اخبار ساعت ده

دردی دوا نکرد

من با اشاره حرف می‌زنم

تو بی‌اشاره جان می‌دهی

چشم آبی جان

من از تو شمع می‌سازم

تو مدام گلوله می‌خوری

چشم آبی جان

چه قشنگ «الله اکبر» می‌گفتی

مرا ببخش

چشم آبی جان!

۱۳۷۱

صدای ما را از بهشت می‌شنوید

روزی
در عطر یاس گم شده بودیم
ببین دوباره چه کردند با ما
ای روح زخم‌خوردهٔ من
از تن
بیرون بیا که سیر بگرییم
ـکبوتر صدایت
این همه وقت کجا بود؟
از تو

تنها شناسنامه‌ای مانده‌ست
ـ مگذار از رودخانهٔ خونت
نمک بگیرند
اینجا
تنها صدای زخمی شاعر
ارزان بود

برایت دسته‌گلی آوردند و
تابوتی
و تو ستاره‌ای می‌خواستی و
اشکی
صدای آژیر اشک می‌آید
در پشت نام‌های شهیدان
پنهان شوید

چه روزهای قشنگی بودند
چه واژه‌های قشنگی
«گردان کربلا»
حروف حافظه‌شان را
از دست داده‌اند
کسی نگفت
این رنگین‌کمان

باران خون کیست؟
درالخلیل
گل یاسمن را دست‌بند زدند
دمشق سمعکش را گم کرد
آواز بخوان تهران!
شاد زی بیروت!
جاز بزن بغداد!

نمی‌گذارم بمیرید
چون ابر
چون گلوله و گل خواهم شد
مین می‌شوم
نارنجک کشیدهٔ خورشید می‌شوم
نمی‌گذارم بمیرید

صدای آژیر اشک می‌آید
در پشت نام‌ها
پنهان شوید

نوروز فصل غفلت و نسیان است
مهر
ماهی که سنگ‌ریزه‌ها

منصوب می‌شوند
ـ چرا فلسطین کوچک شد؟
تا سنگ‌ریزه نطق قشنگی کرد
فلسطین
به حجم اول خود برگشت

سرانجام
قدس ما را آزاد می‌کند
بگذار اژدهایان
ریشه‌های خاک را درآورند
و مارها
بر نیزه‌ها به رقص درآیند
تمساح‌ها
دریا را سر بکشند
پلیس ـ در جست‌وجوی آخرین حوا ـ
دنده‌های زندگان را
از جا درآورد

هورا حراج عشق
اینجا شبیه شهر نئون‌هاست
به پینه‌های دست خیابان
نگاه کن

از رودخانه‌های پس از این

آبی نمی‌گذرد

هورا حراج عشق

کوکاکولا و بوکس

هورا به شام‌های هتل هیلتون

که شور انقلابی خوبان را

شیرین کرد

دعای خاص بخش خصوصی

شعری در راستای بهرهٔ اسلامی

قصیده‌ای در مدح بانک ملی و ملت

بگذار بچه‌های حضرت مولانا

تاجر شوند

ملت یتیم می‌شد اگر

این مشت‌زن نبود

دولت یتیم می‌شد اگر

آن برادران نبودند

سیاست یتیم می‌شد اگر

این مادموازل نبود

خانقاه غیر انتفاعی

مجهز به شعر و شومینه و یاهو

مریدهای تمام‌وقت می‌پذیرد

درویش‌های ترم چهارم

حلاج می‌شوند
عارف‌وَشان نیمه‌مذکر
در آبشار زلف
غسل می‌کنند
چقدر آسان است
واژه‌ها به جایم حرف بزنند
بندرهای جهان را
در چشمانت نهان کنم
گل‌های جهان را
در لبانت
شعر بخوانم
رگبار گل بگیرد
چقدر آسان است
دیدار فرشتگانی
که شعر را
در بالشان پیچیده‌اند
تو را به خاطر نامت
به خاطر آن چشم‌ها که عین زلالی است
بیا و این همه برف را
از روی صدایت
پارو کن
این شعرها

تمام روز مرا
اِشغال کرده‌اند
آن تصویرها
تمام سال تو را
اشغالگران اما
به افتخار غزه ـ اریحا
الخلیل را
دست‌بند زدند
(تو فکر حجم چارم و پنجم بودی)
مصری طوفان
الجزایری اشک
افغانستانی خیانت
کشمیری زخم
برابرت ایستاد
(تو فکر فتح هفتم و هشتم بودی)
در مجله‌های کوچک پاریس
چه می‌فروشند؟
«از پیچ و پچپچه و چاپیچو
و هیچ و چلچله و چلدرچین»
چه چیز عایدمان خواهد شد؟
از یاد برده‌ایم که فردا
هر واژه‌ای شهادت خواهد داد

ـ صدای ما را از بهشت می‌شنوید
(این صدای شهیدی‌ست بی‌سر)
ـ مردان انقلابی بعد از این
میز ناهارتان را
بر نصف‌النهارها بچینید
با طناب استوا
تاب‌بازی کنید
کفن‌مان را
بادبان کشتی تفریحی‌تان کنید
شب‌تان آفتابی!
(این صدای جانبازی‌ست بی‌دست)
ـ برای ما همین نداشتن کافی‌ست
فردا
دست‌های قطع‌شده
گل می‌دهند و سنگ فراوان است

چه تلخ می‌گذرد بر شعر
چه سخت می‌گذرد بر شاعر
خسته‌ام ای شعر
زخم خورده‌ام ای شعر
رهایم کن ای شعر

بر کوچه می‌نشینم

پیامبری نمی‌آید

و سال‌هاست

نعش زمین

بر شانهٔ شکستهٔ ما مانده‌ست

و سال‌هاست

غروب را

رودخانهٔ کشتگان می‌بینم

و سال‌هاست

خورشید

از ارتفاع زخم‌ها

بالا نرفته است

برمی‌گردم

روحم را در سوسنی سپید بپیچم

که ناگهان

درخت‌های خیابان به سجده می‌افتند

طوفانی از بقیع می‌آید

از مسجدالخلیل

از قدس

از امّ‌القری

از پای کوه ابو قُبیس

درخت‌های خیابان به گریه می‌افتند

من نیز
خواهم گریست
باران شعر می‌بارد
و پلک واژه‌هایم
باز خواهد شد

اسفند ماه ۱۳۷۲

یک مثنوی بلند از دفتر «این همه یوسف»

چاپ اول و دوم این کتاب را کنگرهٔ ســرداران استان تهران، در سال ۱۳۷۶، انجام داد. این مثنوی سیصد بیتی همچنین مقام اول کتاب سال دفاع مقدس را در همان سال‌ها کسب کرد.

این همه یوسف

هو العشق و هو الحیّ و هو الهو
خوشا هوهو زدن با حضرت او
به نام او که دل را چاره‌ساز است
به تسبیحش زمینْ مُهر نماز است
چراغی مرده‌ام، دل کن دلم را
به بسم‌الله بسمل کن دلم را
بگیر این دلْ دلِ ناقابلم را
به امیدی که بگدازی دلم را
بده حالی که حالی تازه باشد

که هر فصلش وصالی تازه باشد

مدد کن لحظه‌ای از خود گریزم

که تاریک است صبح رستخیزم

تمام فصل من شد برگ‌ریزان

بده داد منِ از خود گریزان

الهی سینه‌ای داریم پرسوز

تبسم کن در این آیینه یک روز

تبسم کن، تبسم کن الهی

مرا در عطر خود گم کن الهی

من از کوه و درختی کم نبودم

شبی با من تکلم کن الهی

همه حیران چو موساییم در طور

تجلی کن شبی یا نور یا نور

تجلی کن که ما گم‌کرده‌راهیم

ببخشامان که لبریز از گناهیم

الهی، سر به زیران تو هستیم

اسیرانیم، اسیران تو هستیم

اسیرانی سراسر دل پریشیم

الهی، ما گرفتاران خویشیم

الهی، الامان از نفس بدکیش

اسیر تو گریزان است از خویش

دلم سرگرمِ کارِ هیچ کاری
امان از این پَریشان روزگاری
نه گفتارم به کار آمد نه رفتار
گرفتارم، گرفتارم، گرفتار
دلا برخیز! از این بیهوده برخیز
به چشمانم چراغ گریه آویز
از آن ترسم که در روز قیامت
نیاید دل به کار سوختن نیز

الهی ما نیازیم و تو نازی
غم ما را تو تنها چاره‌سازی
الهی درد این دل را دوا کن
همین امشب مرا از من جدا کن
دعا کن یک سحر در خود برویم
بگویم آنچه را باید بگویم
دلم را شعلهٔ آه سحر کن
مرا در یک دوبیتی مختصر کن:
«الهی درد عشقم بیشتر کن
دل ریشم از این غمْ ریش‌تر کن
از این غم گر دمی فارغ نشینم

به جانم صدهزاران نیشتر کن»[1]

بده ساقی سبویی حال گردان
مرا از اهل بیت می بگردان
خداوندی که می را خضرِ من کرد
به نام عشق آغار سخن کرد
مِی‌ای خواهم که باشد نغمهٔ او
هو العشق و هو الحی و هو الهو
مِی‌ای تا زیر و رو سازد دلم را
به شط آتش اندازد دلم را
مِی‌ای تا در دلم باران بگیرد
صدایی مرده امشب جان بگیرد
مِی‌ای تا بگذرم از هر چه هستی
برقصم در نماز شور و مستی
دعا کن آتش می دربگیرد
جنون جان مرا در بر بگیرد
مرا زندان تن کرده‌ست دل‌ریش
جنون کو؟ تا رهایم سازد از خویش
کجایی ای جنونم ای جنونم؟
شکست افتاده در سقف و ستونم
کجایی ای منِ از من رهیده؟

---

۱. از باباطاهر است.

بچرخانم چو تیغ آبدیده
رهی دارم که پایانش عدم نیست
اگر عالم شود شمشیر، غم نیست
مبین آیینهٔ رازم شکسته‌ست
صدایم مرده و سازم شکسته‌ست
دلم را تکه‌ای عرش برین کن
مرا سرشار از نور یقین کن

الهی باده‌ام بی آب و رنگ است
بنوشانم که دیگر وقتْ تنگ است
به حق سورهٔ می، سورهٔ خم
به روی ما تبسم کن تبسم
مدارا کن، مدارا با اسیری
بده ساقی می روشن‌ضمیری
ببر ما را به کوی می‌فروشان
بنوشان باده از جامی خروشان
بگردان و بگردان و بگردان
بنوشان و بنوشان و بنوشان
«چو مستم کرده‌ای مستور منشین
چو نوشم داده‌ای زهرم منوشان»[۱]
وصیت می‌کنم صبحی که مُردم

---

۱. از حافظ شیرازی است.

مرا در خلعتی از می بپوشان
دلم وقف شما ای می‌پرستان
سرم نذر شما ای باده‌نوشان
شب قدر آمد ای ساقی دوباره
ببر ما را به کوی می‌فروشان
بده جامی که جانم جان شود باز
برآید از خم و خمخانه آواز

بده ساقی میِ زاینده‌هوشی
شراب عرشیِ خورشیدجوشی
می محرابی تهلیل‌گویی
می اسرایی معراج‌پویی
می‌ای خواهم که رحمانی‌ست حالش
می من چهارده قرن است سالش
می‌ای خواهم که حالم را بداند
برایم تا سحر حافظ بخواند
شفابخش دلِ بیمار باشد
الهی‌نامهٔ عطار باشد
میِ‌ای کز هر رگش الله جوشد
خط جورش خطایم را بپوشد
میِ‌ای خواهم که تا خویشم برد راه
می لبریز «حمد» و «قل هوالله»

مِی‌ای که «قل هو الله احد»گوست
می‌ای که قلقلش فریاد هوهوست
می منْ پنج نوبت در سپاس است
به رنگ آتش، به بو لبخندِ یاس است
مِی‌ای خواهم نماز شب بخواند
دعای ندبه زیر لب بخواند
می من هر سحر گرم اذان است
کمیل ابن زیاد ندبه‌خوان است
شب قدر است تا دل پر بگیرد
مِی‌ای خواهم که قرآن سر بگیرد
شب قدر است و صبح سرنوشت است
مِی‌ای خواهم که تاکش از بهشت است
مِی‌ای که روز و شب در ذکر هوهوست
مِی‌ای که هر سحر «حیّ عَلی ...»گوست
شما باران هوهو دیده بودید؟
می «حیّ علی ...»گو دیده بودید؟
مِی‌ای خواهم مِی‌ای از خمّ لبّیک
مِی لبّیک، اللّهم لبّیک
مِی‌ای خواهم برقصاند فلک را
مِی «یا لیتنی کنّا معک را»
مِی‌ای خواهم که «یا مولا» بگوید
«حسینم وا ... حسینم وا ...» بگوید

جهان مست و زمین مست و زمان مست
بیا ساقی که ما رفتیم از دست
خرابم کن که آبادم کنی باز
فنایم کن که ایجادم کنی باز
دخیلی بسته‌ام بر دستهٔ جام
دلم را جامی از می کن سرانجام

شب است و غیر تبْ تابی ندارم
ز دست مثنوی خوابی ندارم
رها کن بازی قول و غزل را
ستایش کن کریم لم یزل را
شدم دل خسته از نازک خیالی
به فریادم رس ای آشفته‌حالی
خوشا شعری که یکسر شور باشد
«انا‌الحق» گفتن منصور باشد

چراغی از قدح روشن کن ای دل
لباسی از غزل بر تن کن ای دل
من از اول غمم ضرب‌المثل بود
شروع مثنوی‌هایم غزل بود
غمی دارد دل غربت‌سرشتم
در این دوزخ چرا گم شد بهشتم؟

خطوط دست من از جنس داغ است
من از روز ازل حسرت‌سرشتم
ز تار و پود باران و دوبیتی‌ست
غزل‌هایی که در غربت نوشتم
گلی بودم بهشتی، اینک اما
چو خاری پشت دیوار بهشتم
اگر سی روز ماهم روزه‌داری‌ست
شب قدری ندارد سرنوشتم
ز خشتم بعد از این خمخانه سازید
که اول نیز از خُم بود خشتم

مرا دوشینه شام دیگری بود
به روی شانه‌ام بال و پری بود
اذان گفتند، آهم آتشین شد
دلم با جبرئیلی همنشین شد
اذان گفتند سر بردیم در چاه
ستاره بود و من، من بودم و ماه
چنان سر در دل خُم کرده بودم
که نام خویش را گم کرده بودم
همین امروز حالی داشت حالم
ولی امشب چه سنگین است بالم
چه شد آن شادی دوشینهٔ من؟

چرا غم خیمه زد بر سینهٔ من؟
چه شد؟ آن حال دیگرگون کجا رفت؟
بگو آن شادی محزون کجا رفت؟
چه شد ساقی میِ از خود گریزم؟
شرابِ شب‌نشینِ صبح‌خیزم؟
چه شد ساقی؟ سحر شد می نیامد
تب من بیشتر شد، می نیامد
کسی کو تا به هوشم آورد باز؟
به کوی می‌فروشم آورد باز
به جانم باده پی‌درپی بریزد
به جام من دو رکعت می بریزد
خوشا دردی که با شادی عجین است
خوشا اشکی که شادی‌آفرین است
خوشا با بیدلان رقصی از این دست
«خمستان در سر و پیمانه در دست ...»[1]

من امشب می‌پرستی می‌فروشم
به خواب صَحو رفته عقل و هوشم
یکی شد سُکر و صحوم، عقل و دینم
هوای گریه دارد آستینم
چه سُکر و صَحو شادی‌آفرینی

---

۱. «خمستان در سر و پیمانه در دست است مست من ...» از بیدل دهلوی است.

مقام شادی و حال حزینی
دگر حلاج روحم بوسعیدی‌ست
دلم امشب جنیدِ بایزیدی‌ست
همه اعضای من امشب زبان‌اند
همه رگ‌های من آوازخوان‌اند
چنان سرمست از شُربِ طهورم
که می سر می‌زند فردا ز گورم
من از دلدادگان کوی اویم
مرید خانقاه روی اویم
کی‌ام؟ از جرعه‌نوشان جلالش
مقیمِ آستانِ بی‌زوالش
بگو مَستان به خاکم مِی فشانند
بزن نی تا صراحی‌ها بخوانند
الهی، سکر این می را فزون کن
به حق می مرا از من برون کن
خوشا آنان که دل را چاک کردند
اگر سر بود، نذر تاک کردند
من امشب سوزِ دل از نی گرفتم
شفای تازه‌ای از مِی گرفتم
چه شکرها ز نِی می‌ریزد امشب
سرِ ما نُقل و مِی می‌ریزد امشب
بیا ای عشق، ما را زیر و رو کن

به جای باده آتش در سبو کن
بیا ای عشق، خونِ جام ما باش
نماز صبح و ظهر و شام ما باش
بگو مستان ربانی بیایند
یلان در خدا فانی بیایند
همان‌هایی که اهل سوز و سازند
همان‌هایی که دائم در نمازند
همان‌هایی که خاطرخواهشانم
مرید مشرب‌الارواح‌شانم
همان‌هایی که دریای یقین‌اند
گهرهای صفات‌العاشقین‌اند
همان‌هایی که ماه آسمان‌اند
دعاهای مفاتیح‌الجنان‌اند
همه افکنده بر خورشید سایه
خدامَردانِ مصباح‌الهدایه
همه عارف‌دل شرح تَعرُّف
همه در عشقْ ابراهیم و یوسف
همان‌هایی که در طیِّ طریق‌اند
چو ابراهیم در بیتِ عتیق‌اند
زمین را صد دهانِ تهلیل دیدند
زمان را صور اسرافیل دیدند
همه مستان بزمِ قاب قوسین

همه نورالقلوب و قرّةالعین
همان‌هایی که با او می‌نشینند
خراب از سُکر کنزالعارفین‌اند
میان خون خود گرم سجودند
بلانوشان اسرارالشهودند
خوشا نام‌آوران کوی اعجاز
شقایق‌سیرتان گلشن راز
خوشا آن دل که با روحش بحل کرد
بدا دنیا که ما را خون به دل کرد
خوشا مستی که دل را نذر مِی کرد
دو عالم راه را یک لحظه طی کرد
خوشا آنان که پیش از مرگ مُردند
به راز عشق پی بردند و بردند
«خوشا آنان که جانان می‌شناسند
طریق عشق و ایمان می‌شناسند
بسی گفتیم و گفتند از شهیدان
شهیدان را شهیدان می‌شناسند»[1]

شب امشب شور شیرینی‌ست در من
نماز گریه تسکینی‌ست در من
به جوش آمد دوباره خون مردی

۱. از شاعر همین مجموعه است.

تو اما ای دل غافل چه کردی؟
بخوان امشب به آهنگ جدایی
«کجایید ای شهیدان خدایی؟»[1]
کجایی ای شب مجنون؟ کجایی؟
گل افشان خدا و خون، کجایی؟
مِی‌ای خواهم که دیگرگون شوم باز
سحر آوارهٔ مجنون شوم باز
مِی من شرح هفتاد و دو آیه‌ست
می خمخانهٔ هور و طلا یه‌ست
چه غم میخانه گر آتش بگیرد
دعا کن مِی نمیرد، مِی نمیرد
می من سطری از حرمان هور[2] است
می من سورهٔ «والفجر» و «نور» است
می جوشیده با خونِ گل یاس
می خورشیدرنگِ دشتِ عباس
می روزی که بستان را گرفتیم
کلید این گلستان را گرفتیم
چه می‌شد اشک ما تفسیر می‌شد
شبم شب‌های بهمن‌شیر می‌شد

---

۱. از مولاناست.
۲. حرمان هور نام کتابی است حاوی یادداشت‌های شهید احمدرضا احدی، رتبهٔ اول کنکور پزشکی کشور، که در کربلای ۵ جاودانه شد. این کتاب به کوشش علی‌رضا کمری و از سوی حوزه هنری منتشر شده است.

به مدهوشان خاکی‌پوش عاشق
به سوز نوحهٔ مردان صادق:
«سبکباران خرامیدند و رفتند
مرا بیچاره نامیدند و رفتند»[1]
بگو «دشتی»ست این، بالا بخواند
حسام‌الدّین ز مولانا بخواند:
«کجایید ای شهیدان خدایی
بلاجویان دشت کربلایی»[2]
تو را از جوهر غم آفریدند
مرا از ابر نم‌نم آفریدند
برای گریه در سوگ حسین(ع) است
اگر ماه محرم آفریدند
مرا عقل مجرد نام کردند
تو را عشق مجسم آفریدند
خوشا جامی که «شور»ش اصفهانی‌ست
خودش خاکی و سُکرش آسمانی‌ست
مِی‌ای از «اصفهانِ» دردپرور
ز خاک عاشقان مَردپرور
برایم جام جانبازی بیاور
مِی‌ای از خمّ خرّازی[3] بیاور

۱. از قادر طهماسبی (فرید) است.
۲. از مولاناست.
۳. شهید حسین خرازی، فرمانده لشکر امام حسین(ع).

کسی که با جنون پیمانه می‌زد
شلال نخل‌ها را شانه می‌زد
«زمین بازیچهٔ بود و نبود است
همیشه چشم این گنبد کبود است
کنار رود کارون جان سپردی
دو چشمم بعد تو زاینده‌رود است»[1]
مِی من اصفهانی ـ کربلایی‌ست
مِی روحانی نورالصفایی[2] است
خوشا آنان که دین را آبرویند
به وقت همّت[3]، ابراهیم‌خویند
«چو ابراهیم، با بت عشق می‌باز
ولی بتخانه را از بت بپرداز»[4]
شبی احرام‌پوش مِی به دستی
به من گفتا: «چرا در خود نشستی؟»
به جانم ریخت مستی هفت باری
به او گفتم: «بچرخم؟» گفت: «آری!»
به او گفتم «بچرخم؟» چرخ می‌زد
به او گفتم: «بخوانم؟» خواند، نی زد
چه می‌دیدم؟ خودم مست و سرم مست

---

۱. از شاعر این مجموعه است.
۲. روحانی بزرگوار مرحوم حاج آقا نورالصفا، نمایندهٔ امام در سپاه سیستان و بلوچستان، که ساده‌زیستی‌اش انسان را به یاد مولا علی(ع) می‌انداخت.
۳. شهید ابراهیم همت، فرمانده لشکر محمد رسول‌الله(ص).
۴. از نظامی‌ست.

دلم در چرخ اول رفت از دست
دلم ناگاه با یک سوزن آه
میان چرخ چارم ماند از راه
به قدر هفت شب می خورده بودم
میان چرخ هفتم مرده بودم
مرا از من گرفت، از من جدا کرد
تمام سعی را با من صفا کرد
مرا تا پای کوه رحمت آورد
به جان من جهانی حیرت آورد
غروب روز هشتم وقت رفتن
جهانی بود از غربت دل من
قیامت را سواد جاده دیدم
جهان را خیمه‌ای افتاده دیدم
همان شب بود کوچیدم به مشعر
قیامت بود آن صحرای محشر
مطوّل بود دردم، مختصر شد
و ناگاه آن شبِ کوتاه سر شد
به کویش سال‌ها لبّیک خواندم
شبی در مشعر مویش نماندم
دلم در چاه حالی مبهم افتاد
همان شب پلک دل روی هم افتاد
نشد آن شب نخوابم، می بنوشم

نشد یک شب شبیه می بجوشم
شب مستی چرا از جوش ماندم؟
قیامت دیدم و خاموش ماندم؟
خوشا آنان که چرخیدند در خون
خدا را ناگهان دیدند در خون
به پای دوست دست از دست دادند
حسین‌آسا به پایش سر نهادند
چو ابراهیم همت در منا باش
سراپا غرق در نور خدا باش
اگر نمرود آتش زد به جانش
گلستان شد همه روح و روانش
اگر شوق خدا داری چنین کن
صفا و سعی در میدان مین کن
بیا چون میثمی[1] عبد خدا باش
به شوق کعبه‌اش در کربلا باش
چقدر این آسمانی خاک زیباست
به دنیا گر بهشتی هست اینجاست
فدای همت عرفانی تو
به قربان می چمرانی[2] تو
مگو چمران، بگو غیرت، بگو درد
بگو تنهاترینْ عاشق‌ترین مرد

۱. شهید روحانی عبدالله میثمی، نمایندۀ امام در قرارگاه خاتم‌الانبیاء.
۲. شهید مصطفی چمران، فرمانده بزرگ جنگ‌های نامنظم جنوب.

بخند ای گل، که فردا سربلندی
بخند ای گل، که حق داری بخندی
بروجردی جوانانی خداجوش
همه با یک جهان فریاد خاموش
بروجردی[۱]، جهان‌آرا[۲]، و همت
محمدهای کوی عشق و غیرت
کجایید آی مردان خدایی؟
طمع دارد سلام روستایی
در این شب‌های غم، شب‌های غربت
ز ما دستی بگیرید ای جماعت
بیا تا جام مرآتی بگیریم
می از دست محلاتی[۳] بگیریم
بده جام جهان‌آرا پسندی
شراب سرخوش مولا پسندی
زگُردان جنون گُردی بپرسید
غم ما را از افشردی[۴] بپرسید
چو عاشورابیان آسمانی
خدامَردان آذربایجانی
کسی در عشق مانند شما هست؟

---

۱. شهید محمد بروجردی، فرمانده قرارگاه حمزه سیدالشهداء.
۲. شهید محمد جهان‌آرا، فرمانده سپاه خرمشهر.
۳. شهید شیخ فضل‌الله محلاتی، نمایندۀ حضرت امام در سپاه پاسداران.
۴. شهید غلام‌حسین باقری افشردی، فرمانده اطلاعات عملیات سپاه و طراح بسیاری از عملیات‌ها.

شما، آه ای برادرهای سرمست!
چو مهدی عاشقی بی‌ادعا نیست
به زین‌الدین[1] قسم، مثل شما نیست
تو را در هور[2] دیدم غرق نوری
کجا خورشید دارد سنگ گوری؟
تو را در آتش مِی خاک کردند
همه مستان گریبان چاک کردند
اگر مهدی شدی چون باکری باش
اگر خواهان حُسنی، باقری باش
حسن، رازی که در خاکش سپردیم
دریغا پی به معنایش نبردیم
حسن یعنی حسین صبرپیشه
شهید کربلاهای همیشه
حسن گفتی، حسینی‌تر شد این دل
به یاد کربلا، محشر شد این دل
چه دید آن روز؟ قرآن روی نیزه
حسینِ[3] کربلاهای هویزه
رجز می‌خواند و می‌چرخید مستی
میان نیزه‌ها قرآن به دستی
حسینِ من ابوالفضلی دگر بود

---

۱. شهید مهدی زین‌الدین، فرمانده لشکر علی ابن ابی‌طالب(ع).
۲. هورالهویزه و هورالعظیم دو منطقهٔ عملیاتی در جنوب‌اند.
۳. شهید حسین علم‌الهدی، از فرماندهان شهیر سپاه خوزستان.

صدایی تابناک و شعله‌ور بود
فنا معنا ندارد در بقایی[1]
«کجایید ای شهیدان خدایی؟»

به حق حق، به حق تندگویان[2]
شهید تازه‌ای از من برویان
«ز جانان مهر و از ما جان‌فشانی‌ست
جواب مهربانی مهربانی‌ست»[3]
دلم دل‌تنگ مردان صمیمی‌ست
مرید حاج عباس کریمی[4]ست
چه ماند از او به جز مشتی غریبی؟
چه ماند از او؟ همین قرآن جیبی
تو چون موسی گذشتی از دل نیل
و من گرم مفاعیلن مفاعیل
خوشا آنان که تا او پر گرفتند
حیات تازه‌ای از سر گرفتند
من امشب جام بالایی گرفتم
مِی‌ای از دست بابایی[5] گرفتم

---

۱. شهید حمید بقایی، از فرماندهان سپاه خوزستان.
۲. شهید جواد تندگویان، وزیر نفت، که با روحیات بسیجی در مناطق جنگی جنوب حاضر بود و در عملیاتی به اسارت دشمن درآمد و بعدها، در اسارت، مظلومانه به شهادت رسید.
۳. از همام تبریزی است.
۴. شهید حاج عباس کریمی، فرمانده لشکر محمد رسول‌الله(ص).
۵. شهید عباس بابایی، از خلبانان شجاع جنگ.

می گل رنگ بالایی پسندی

می عباس بابایی پسندی

به زین‌الدین قسم اهل نبردیم

اگر سر رفت، از دین برنگردیم

اگر فهمیده[1] را فهمیده بودیم

همه شیران میدان دیده بودیم

به حق عاصمی[2]، مردان عاشق

خرابم کن چو گردان شقایق

تو یادت هست در شب‌های پاوه

چراغی[3] آسمانی بود کاوه[4]

شما از عشق یک دم برنگشتید

شهید کربلای چار و هشتید

شهیدان سورهٔ والفجر هشتاند

که چون آب از دل آتش گذشتند

شب والفجر کارم با خم افتاد

دلم یاد امام هشتم افتاد

چقدر اروند رنگ نیل دارد

چقدر این لشکر اسماعیل دارد

شهادت را چو اسماعیل عطشان

---

۱. شــهید حسین فهمیده، سیزده‌ساله‌ای که خود را با نارنجک زیر تانک دشمن انداخت و حضرت امام او را ستود.

۲. شهید علی عاصمی، فرمانده اردوگاه شهدای تخریب.

۳. شهید ولی‌الله چراغچی، قائم‌مقام فرمانده لشکر ۵ نصر.

۴. شهید محمود کاوه، فرمانده تیپ ویژه شهدا.

تمام روزهاشان عید قربان
به حیدرسیرتان لیلهٔ‌القدر
به اسماعیل[1]های لشکر بدر
به گلگون پیکران لشکر نصر
به حق سورهٔ والفتح و والعصر
الهی گوشهٔ چشمی به ما کن
به ما حال مناجاتی عطا کن
همه عرشی، همه عرش آشیان‌اند
دلیرانی که از مازندران‌اند
تمام قدسیان خوش‌سیرتان[2]اند
دل ما را به آتش می‌کشانند
به یاد بچه‌های لشکر هفت[3]
قرار از دل شد و خواب از سرم رفت
من امشب قصد آن دارم که با سوز
به شب‌هایم ببخشم جلوهٔ روز
بجویم جرعهٔ جام شما را
چراغانی کنم نام شما را
به یاد بچه‌های تیپ قائم[4]
دو چشمم چشمهٔ اشک است دائم

---

۱. شهید اسماعیل دقایقی، فرمانده لشکر بدر.
۲. شهید مهدی خوش‌سیرت، فرمانده تیپ لشکر قدس گیلان.
۳. لشکر ۷ زرهی ولی‌عصر(عج)، رزمندگان استان خوزستان.
۴. تیپ قائم، رزمندگان استان سمنان.

خوشا آنان که همچون شرزه‌شیرند
بلانوشان تیپ الغدیر[1]‌اند
چه گردانی، همه ماه و ستاره
همه در عشق‌بازیْ دستواره[2]
من از دنبال ایشان می‌دویدم
چو گرد کاروان از ره رسیدم
جرس بر هم زدم آن شب دوباره
خدا بود و من و ماه و ستاره
جرس بستم به محمل، محمل درد
شبی که ماه با من گریه می‌کرد
به حق یا محمد! یا محمد!
توسلَ کن بیاید حاج احمد[3]
بیا در اوج زیبایی بمیریم
دم مُردن تجلایی[4] بمیریم
افق چاک دل خونین جگرهاست
سحرْ جا پای مفقودالاثرهاست
بیا و مرتضایی کن دلت را
خدایی کن، خدایی کن دلت را

---

۱. تیپ الغدیر، رزمندگان استان یزد.
۲. شهید محمدرضا دستواره، جانشین فرمانده لشکر ۲۷ محمد رسول‌الله(ص).
۳. جاویدالاثر احمد متوسلیان، فرمانده لشکر ۲۷ محمد رسول‌الله(ص) و از مؤسسان حزب‌الله لبنان، که به دست فالانژهای وابسته به اسرائیل در لبنان ربوده شد.
۴. شهید علی تجلایی، فرمانده طرح و عملیات قرارگاه خاتم.

شهیدی بود چون آوینی[1] این دل
چرا شد غرق در خودبینی این دل؟
شکسته تار من، چنگی بیاور
شراب زارعی[2] رنگی بیاور
می احمدتباری دوست دارم
خراسانی‌دوتاری دوست دارم
بگو بارانِ پی‌درپی بیاید
سحر ناگاه سیل می بیاید
بشوید سینهٔ زنگاری‌ام را
به من بازآورد بیداری‌ام را

نسیمی تازه از لاهوت آمد
تمام شب گُلِ تابوت آمد
گل تابوت‌هایِ خالی از خود
همه گرم دعا، گرم تشهد
گل خورشیدیِ الله‌اکبر
همه سر تا به پا بی‌پا و بی‌سر
چو نی لبریز از عشق جلالی
سبک مانند نی، از خویش خالی
گل سوری و گل‌های صبوری

---

۱. شـــهید مرتضی آوینی، پژوهشگر و نویسنده و فیلم‌سازِ جنگ و راوی برنامهٔ روایت فتح.
۲. زنده‌یاد احمد زارعی، از فرماندهان جنگ و فرهنگ دفاع مقدس.

گلی که خورده آب از داغ دوری
تو گل دیدی که جام می بگیرد؟
به لب تا شروه خواند نی بگیرد؟
هزار آیینه دیدم می‌به‌دست‌اند
هزاران بار بغضم را شکستند
بلرزان شانه را، باران تابوت
دل ما شد کویر تشنهٔ لوت
نباشد آب حیوان در سرابی
مجوی اسرار بیداری ز خوابی
برون از خود نرفتنْ رفتنِ ماست
خدای ما چرا اهریمن ماست؟
گروهی مست در حال و مقام‌اند
گروهی مردهٔ حال و مقام‌اند
سوار کشتی نوح‌اند آنان
اگر جسمیم ما، روح‌اند آنان
دمی دارند چون عیسی بن مریم
دلی دارند از جنس محرم
از آنان باز پیغامی رسانید
به ما هم جرعهٔ جامی رسانید

یک امشب ای مریدِ حضرتِ می
بیا بنشین به پای صحبت می

بیا ساقی، که طوفانی‌ست حالم
عطشناکِ میِ یوسف[1] خصالم
شبی که یوسفم یاد از وطن کرد
نگاهم بوی پیراهن به تن کرد
سرم خواب اجل دارد دوباره
دلم شور غزل دارد دوباره
دل من یوسف افتاده در چاه
رسن کوتاه و طول عمرْ کوتاه
گذشتند از سرِ من کاروان‌ها
نمی‌آید کسی جز ماه از راه
بیا دستم بگیر ای درد، ای درد
به فریادم برس ای آه، ای آه
اگر یارم شوی، شب می‌شود روز
اگر ترکم کنی، گم می‌کنم راه
نمی‌بینی دل ما پاره‌پاره‌ست؟
کتانِ خلعتی داریم از ماه
الهی گوشهٔ چشمی به ما کن
که دل‌گرمیم از های هو الله
بیا ای یوسف افتادَه در چاه
ببر با جلوه‌ات رنگ از رخ ماه
کجایی یوسف ثانی؟ کجایی؟
خدامَردِ خراسانی، کجایی؟

---

۱. شهید یوسف کلاهدوز، قائم‌مقام سپاه پاسداران.

تو را چیدم میان دست‌چین‌ها
کجایی یوسفِ یوسف‌ترین‌ها؟
عزیز جان من، یوسف‌ترینم
بده مشقی به طفلِ عقل و دینم
بیاموزم اصول‌الدین مستی
که غرقم در سرابِ خودپرستی
هوس گرگی‌ست اُفتاده به جانم
چگونه سورهٔ یوسف بخوانم؟
برادرهای من، امشب بمانید
برایم سورهٔ یوسف بخوانید
چو ماهی بی‌تکلف بود یوسف
درون چاه، یوسف بود یوسف
کجا یوسف اسیر چاه تن شد
به هر گامی خلیل بت‌شکن شد
چرا ما ماه کنعانی نباشیم؟
چرا ما یوسف ثانی نباشیم؟
چرا ما چشم یوسف‌بین نداریم؟
مسلمانیم و درد دین نداریم
تو نور چشم یوسف‌بین ما باش
بیا و چلچراغ دین ما باش
چه زنگی شد دل کنعانی ما!
هوس رنگ است یوسف‌خوانی ما

دل تو یوسف این خازن و خان
دل ما قحط پروردانِ کنعان
در این قحطی تو با ما باش یوسف
عزیز مصر دل‌ها باش یوسف
همه افتاده مجروحانِ چاهیم
ببخشامان که لبریز از گناهیم
برادرهای شمعونی‌نسب، ما
یهوداهای محروم از ادب، ما
چه سازد دَلو شعرِ کوچک ما
صدای نی ندارد سوتک ما
ندانستیم آخر قدر این سیم
به ده درهم تو را کردیم تسلیم
تو را دادیم ما آخر به دنیا
امان از بازیِ امروز و فردا
شبیه آب می‌جوشید یوسف
همیشه ساده می‌پوشید یوسف
زلالی وامدار سادگی‌هاست
بسی معراج در افتادگی‌هاست
بیا یوسف، نماز شب بخوانیم
کنار یازده کوکب بخوانیم
بخوان تا خاک بوی گل بگیرد
چمن در کف سبوی گل بگیرد

زمین پر می‌شود از بوی یوسف
دل خود را روان کن سوی یوسف
بیا مُشکی ببر از مصر خالش
بیا حُسنی بچین از روی یوسف
نخواهم داد در سودای زلفش
جهانی را به تار موی یوسف
سحر خورشید همچون نابرادر
خجالت می‌کشد از روی یوسف
نسیم صبح اگر باشد معطر
نمازی خوانده در گیسوی یوسف ...

به پایان آمد اندک‌اندک این شب
به آغازم رسان یاربّ ... یاربّ ...
به آغازی که انجامی ندارد
که صبحش تا ابد شامی ندارد

شعرهایی از دفتر «عشق علیه‌السلام»

چاپ اول و دوم این کتاب را انجمن شــاعران ایران، در ســال ۱۳۸۱، منتشر کرد. چاپ‌های بعدی (سوم و چهارم) این دفتر در انتشارات سورهٔ مهر انجام شد.

آن‌سوی آبی‌ها

ما شهیدانِ جنون بودیم از عهد قدیم
سنگِ قبرِ ماست دریا، نقشِ قبرِ ما نسیم

شهرِ ما آن‌سوی آبی‌هاست، دور از دسترس
شهرِ ابراهیمِ ادهم، شهرِ لقمان حکیم

اندکی بالاتر از آبادیِ تسلیمِ محض
صاف می‌آیی سرِ کویِ صراط‌المستقیم

خاکِ آن عرشی‌ست، گل‌هایش زیارتنامه‌خوان
سنگ‌فرشِ آسمانش بال‌های یاکریم

شهر ما آبادیِ عشق است، اما رازِ عشق
عشق یعنی واژه‌های رمزِ قرآنِ کریم

عشق یعنی قاف و لامِ «قل هو الله احد»
عشق یعنی بای «بسم الله الرحمن الرحیم»

۱۳۷۳

آن دو غیرت ...

ای تبسمِ آبی، سبزپوشِ علّیین
از بهشت می‌آیی، پیشِ ما کمی بنشین
ای برادر طوفان، در تو نوحه می‌خوانند
بادهای آبان‌ماه، ابرهای فروردین
اینکه گریه می‌خندد از تبارِ یعقوب است
آن دو غیرتِ نایاب یوسف‌اند و بنیامین
آن دو آشنا، هر یک، شعله‌ای دگر بودند
آفتاب یعنی آن، ماهتاب یعنی این
صد کلاغ، یک شاهین

رعد!

رعد!

صف!

یاسین!

یک فرشته بفرستید، ماه رفته روی مین

بعد از این، در این بازار، ضرب عشق باید زد

هم به نامِ خرازی، هم به نام زین‌الدین

۱۳۷۴

آخرین سردار

آن سه تکه ابر را پیچیده بر خود، روی دوشِ چار زندانبان می‌آید
در غروبی سخت محزون، سخت ابری، آخَرین سردار از میدان می‌آید

مردی از مردانِ مردستانِ مردی آنک آنک می‌دمد بر شانه‌هامان
راه بگشایید ای آرامِ جان‌ها، دارد آن تابوتِ سرگردان می‌آید

تا چهل شبْ شط به خود می‌پیچد از غم، تا چهل شب نخل‌ها در اشک غرق‌اند
طبل می‌کوبند یک شب، طبلِ طوفان، بعد از آن تا هفت شب باران می‌آید

بارِ دیگر آسمان مردی صمیمی بازمی‌گردد به شهر خاطراتم
بوی اشک و شروه و اسپند و قرآن ناگهان از سمتِ نخلستان می‌آید

این زمان، با آنکه لبریز از امیدم، آتشی دارد دلم را می‌گدازد
باز عطرِ دردهای حاج همت، باز بوی غربتِ چمران می‌آید

۱۳۷۵

بچه‌های خط اول

به شیمیایی‌ها که بی‌صدا می‌سوزند

ماهیای سرخِ عاشق توی حوضی از اسیدن
دلشون یه دریا درده، کی می‌دونه چی کشیدن؟!

می‌دونی چه دردی داره بی‌صدا ترانه خوندن؟!
می‌دونی چه سوزی داره تو آتیش نفس کشیدن؟!

هدهد سبا شدیم و هفت شهرِ عشقو گشتیم
ما نفس کم نیاوردیم، معلومه کیا بریدن!

سینه آتیش خلیله، اینجا عشقه که دلیله
ببین این دلای عاشق چه بهشتی آفریدن!

بچه‌های خط دوم سرشون به خاکه، اما
بچه‌های خط اول آسمونو سر کشیدن

فکر اون گُلای سرخم که سرا رو خَم نکردن
می‌میرن ولی نمی‌گن که گلوشونو بریدن

لاله‌ها کی گفته تنها همونایی‌ان که رفتن؟
اینایی که پرشکسته‌ان مگه کمتر از شهیدن؟

۱۳۷۹

خون تو زنگ نخواهد زد

به شهید یحیی عیاش که صهیونیست‌ها را دیوانه کرده بود و سرانجام او را با بمبی که در موبایل دوستش جاسازی کرده بودند به شهادت رساندند.

در درخت پنهان می‌شوی
و مرگ را
چون برگ
بر سرِ دشمن می‌ریزی
گنجشکی بر شانهٔ تو می‌نشیند
و کلاغی منفجر می‌شود
در باد پنهان می‌شوی

و از پوسترها بیرون می‌آیی
در اعلامیه‌ها سنگر می‌گیری
و صدای شلیکت از ابرها شنیده می‌شود
موبایل‌ها زنگ می‌زنند
اما خون تو هیچ‌گاه زنگ نخواهد زد

۱۳۶۹

از یک دادگاه رسمی خیابانی

درختِ سیب را می‌آورند
با دست‌بند
به جرمِ اینکه چرا
سیب‌هایش را
چون سنگ پرتاب کرده است

درختِ پرتقال را می‌آورند
به جرمِ اینکه چرا
میوه‌های امسالش خونین است

درختِ زیتون را می‌آورند
به جرمِ اینکه چرا
یک درِ میان گلوله به دنیا آورده است

دادگاه رسمی‌ست
متهم موجی‌ست که به او ایست دادند
و نایستاد
متهم کبوتری‌ست
که از قُبه الصخره نرفت
متهم گنجشکی‌ست
که زبان عبری نمی‌داند
دادگاه رسمی‌ست
متهم درختِ سدره‌المنتهاست
و جاده‌ای که به معراج می‌رود
متهم تمام سنگِ قبرهایند
که «بسم‌الله» دارند
و تمام مادران
که درِ شکم‌هاشان
فرزندانی دارند
سنگ در مشت

۱۳۷۹

هر شهید ابری است

بار دیگر نیز می‌گویم
این ستاره‌های شش‌پر
در مسیرِ ماه چون مین‌اند
ای دریغا نامِ داوود
ای دریغاتر ستاره
ای دریغا ماه

قدس خونِ یحیی در دلِ تشت است
قصهٔ یوسف درونِ چاه

سنگ‌ها بگذار چون باران فرود آیند
سنگ‌ها آبستنِ ابرند
باران کم نخواهد شد
هر شهید ابری‌ست
جمعه‌ها در سجدهٔ خون
از شهیدان کم نخواهد شد

بار دیگر نیز می‌گویم
سیدی زخمی‌ست اینک قدس
و خبرها همچنان خونین
دردها سنگین
سنگ‌ها بُرّاتر از تیغِ صلاح‌الدین

زمستانِ ۱۳۷۹، روستای کفرکُلا، مرزِ لبنان و اسرائیل

سال سنگ

درست دو هفته تا هزارهٔ سوم
در قلعهٔ دمشق
عکس و خاطره‌ای از ما ماند
آن‌سان که از صلاح‌الدین
اسب و شمشیری سنگی
به دست‌فروشی که تقویم دارد می‌گویم:
نه سالِ گربه و سگ
نه سالِ اسب و نهنگ
تقویمی می‌خواهم
از سال سنگ

دمشق. ۱۳۷۹

تنها، سنگ‌ها

به هر کجا که زنگ می‌زنی
کسی جواب نمی‌گوید

تمام مشترکان خاموش‌اند
تمام آتش‌ها
خاکستر
تنها سنگ‌ها در دسترس‌اند

۱۳۷۹

کنار این شب تنها

کنار این شب دلتنگ
که بوی آخرالزمان دارد
کنار این شبِ پر تشویش
که هشتِ صبح‌هایش
اخبار ناگوار به دنیا می‌آورد
کنارِ این شبِ تنها
که بچه‌های پاپتی خاک را
در تراخُم و تنهایی رها کرده‌ست
کنارِ این شبِ مجروح

که ماهْ سرفه‌اش شیمیایی‌ست
بنشین
کافی‌ست چفیه‌ای به گردنِ ماه بیندازی
و شمعی روشن کنی
که ماهِ دل‌هامان فردا
طعمهٔ سگ خواهد شد
کنارِ این شبِ دل‌تنگ
نگاه کن به کلاهخود
و ماه
و نقشه‌های جهان در آن
نگاه کن به کلاهخود
و آن دو ماهی قرمز
که زخم‌های دلِ مایند
نگاه کن که گربه‌ها
کلاهخود را
به خاطر ماهیان می‌خواهند
کنارِ این شبِ دل‌تنگ
که بوی آخرالزمان دارد بنشین
و چفیه‌ای به گردنِ ماه بینداز
و چشم از سپیده برمدار

شهریورماه ۱۳۸۰

نفس‌های زخمی

نه، موریانه نبود
ترکش بود
بر زخم‌های صدایت
و ایستادی و خواندی
درست مثلِ سلیمانِ داوود
صدای تو خورده بود به کوه
و کوه بازگشت
بی‌صدای تو
همان صدا که لِهَش کردند

در زیرِ چرخ‌های زره‌پوش
اما برخاست
مثلِ گُدازه از دلِ کوه

تو ماهیِ طلایی دریاچهٔ نمک بودی
دریا بخار شد
آن‌قدر که جای آب
گلوله‌های نمک ماند
و تا هنوز
معجونی از هوا و سرب و نمک
سهم نفس‌های زخمی داوودی‌ست

مهر ماه ۱۳۸۰

دوباره‌خوانی اشک

نه تو از راهی که رفته‌ای برمی‌گردی
نه من پشیمان می‌شوم
از دوباره‌خوانی این اشک‌ها
گیرم گلوله از شقیقهٔ تو
شلیک شد به تپانچه
گیرم تقویم از ۲۰۰۱ برگشت
به ۱۹۸۰
نه تو از راهی که رفته‌ای برمی‌گردی
نه من شک می‌کنم در سرایش نامت

گیرم که جنگ را مومیایی کردند

گلوله‌ها و خاطره‌ها

حتی سنگِ قبرِ تو

حتی در قابِ عکسِ تو چشمانت ...

اما

نه تو از راهی که رفته‌ای برمی‌گردی

نه من!

آبان ماه ۱۳۸۰

شعرهایی از دفتر منتشرنشدهٔ
«بهار در آسانسور»

ساعت سنگ

حالا ساعت به وقت سنگ چند است؟
و من تا ساعت چند باید شعر خشم و سنگ بگویم؟
باران سنگ تا ساعت چند باید ببارد؟
ساعت تا ساعت چند باید معطّل این قصاب‌ها شود؟

بدم می‌آید از گوسالهٔ صهیون
از مرینوس سیاست
از چاقویی که سپیده را قطعه‌قطعه می‌کند
به قصاب رأی دهید

گوساله را با خوک جمع کن

نجاست را با سیاست امریکایی

تا مثل من بدت بیاید از قصاب پسر

از چاقوی سیاست

بدت بیاید از آریل و رایس

ـ زنی که آمده است برج‌های دوقلو بزاید ـ

بدت بیاید از نتانیاهو

از پینوشه

از دزدان بغداد و نفت

ستارهٔ شکستهٔ داوود را چسبانده‌اند با سریش و گلوله

به خاک قدس

و می‌گویند آسمان اینجاست

دنبال عصای سلیمان می‌گردند

دنبال کاست صدای داوود نبی

دنبال کلت کمری خاخام یک‌چشم

دنبال هیزم آتش نمرودند

در خانه‌های الخلیل

دنبال شعرهای معین بسیسو

دنبال باروت نهان در باران

نارنجک پنهان در شکوفه و لبخند

دنبال خشاب‌های پر

در حنجره، در سنگ

فلسطین شکوفه می‌کند در باران خون و نمک
عروس می‌شود در طوفان نیزه و خنجر
خیمه می‌زند چون سایه در شب
شلیک کنید به سایه
به آفتاب
به منظومهٔ شمسی اردوگاه
شلیک کنید به ماه
به هلال محرم‌الحرام
به بدر کامل
به خندق
شلیک کنید به ذوالفقار
به طوفان
نه از سنگ‌ها کم می‌شود، نه از بادها
خون پرچم می‌شود و باد می‌شود و باران
اشک می‌شود و چشم می‌شود و دریا
خورشید می‌شود و عزالدین قسّام می‌شود
احمد یاسین می‌شود سپیدهٔ قدس
محمود درویش می‌شود غروب فلسطین

دیوار حایل را با هول می‌کشند

در خندق
شلیک می‌کنند به موج‌های مدیترانه
دست‌بند می‌زنند به دست باد
به انفرادی می‌برند ابر را
به جوخهٔ آتش می‌بندند باران را

در این دشت
ستاره خوابیده است و زخم خوابیده است و شمشیر
گرسنگی خوابیده است و جنون خوابیده است و سنگ
باران خوابیده است و گریه خوابیده است و شعر
بیدارش چه می‌کنی ای قصاب بزرگ و کوچک و متوسط؟
رمی جمرات بوش عقبه است و بوش عقب‌مانده
و هفت سنگ را پیش از من نرودا زد
با انگیزهٔ نیکسون‌کشی
و هفت سنگ من می‌زنم
و هفت‌هزار شاعر دیگر خواهند زد
سه نرون
سه شمر
سه هیتلر
سه خوک، سه گرگ، سه سوسمار
بدم می‌آید از ابن ملجم و بلر و پینوشه
بدم می‌آید از پاول و عمروعاص و جک استراو

از بوش و
گوسفندهای مرینوس و
شورای امنیت
بدم می‌آید و دارد سرگیجه می‌رود اعصابم

حالا ساعت به وقت سنگ چند است؟[1]

۱۳۸۳

---

۱. این شـعر با ترجمهٔ استاد زنده‌یاد طاهره صفارزاده و هادی محمدزاده در چند سایت ادبی مهم بین‌المللی، از جمله سایت «شاعران ضد جنگ»، که مرکز آن در امریکاست، به نشر رسید و به عنوان «شعر ماه» در سال ۲۰۰۴ میلادی انتخاب شد.

بگو که حق با شعر است و سنبله‌ها

ای خدای آفرینندهٔ موسی و فرعون با هم
که قادری جورج کوچک را
به یک گنجشک
یا یک سوسمار بدل کنی
ای خدایی که شیطان را از فرشته خلق کرده‌ای
و آتش را از دل آب بیرون کشیده‌ای
حوّا را از پهلوی چپ آدم خلق کرده‌ای
و اسامه بن لادن را
از پهلوی چپ بوش

ای خدای آفرینندهٔ بادمجان و سازمان ملل
خدای آفرینندهٔ شورای امنیت و منچ
من دنبال آدرس معجزات پیامبرانت می‌گردم
ای خدای آفرینندهٔ عراق و واشنگتن با هم
که عراق را سرزمین تمدن‌های کهن کردی
و واشنگتن را سرزمین موشک و گاومیش
ای خدای آفرینندهٔ شعر و نطق‌های بچه‌گانهٔ پریزیدنت‌ها با هم
بگو که حق با شعر است و سنبله‌ها
نه با بمب‌های خوشه‌ای
ای خدای آفرینندهٔ برج‌ها از نفت
خدای آفرینندهٔ کودکان ناصریه و بغداد
از استخوان باغ‌های معلق
خدای آفرینندهٔ هیتلر و مناخیم بگین و
بوش کوچک
از شرمگاه بت بزرگ!
خدای آفرینندهٔ آواکس‌ها و مارکس‌ها
که صدام را بر سرزمین حمورابی معلق کردی
شاه کویت را در قوطی کبریت جا دادی
ای خدای مقبره‌های دسته‌جمعی جنوب عراق
از وادی السلام نجف
هود و صالح را با معجزه‌ای به سوی ما برگردان
ما منتظر معجزه‌ای جز نفتیم

پس ای قهوه‌خانه‌ها و قلیان‌های اعراب
یک قدم به پیش!
ای عیاش‌خانه‌ها
با رقاص‌هایتان
یک قدم به پیش!
ای قوطی کبریت شعبده
که از آن جعبهٔ واکس و فرچه بیرون می‌آید
یک قدم به عقب!
ای اردوغان و (گل) دقیقهٔ نود
در دروازهٔ خودی
که آسمانت را چوب حراج زدی
یک قدم به عقب!
خدای من
مظفر النواب چه می‌نویسد حالا؟
محمد الماغوط
در قهوه‌اش کدام شعر را پنهان کرده است؟
ای خدای آفرینندهٔ شعر و شیلر
خدای آفرینندهٔ خیام و حافظ و گوته
خدای آفرینندهٔ لورکا و نرودا و ریتسوس
کاش به جای هانتینگتون
و تونی بلر
و جک استراو

به جای بوش و رامسفلد و پاول با هم
یک هیوز می آفریدی
یا دست‌کم
از آن همه گاوان (سرزمین هرز)
یک گنجشک خلق می‌کردی
یا حتی یک سوسمار![1]

۱۳۸۲

۱. این شعر را شاعر فرهیخته و بزرگ معاصر طاهره صفارزاده و دوست شاعرم هادی محمدزاده به زبان انگلیسی ترجمه کردند و در چند سایت مهم بین‌المللی، از جمله سایت «شاعران ضد جنگ»، منتشر شد.

شب به خیر آقای میز!

رمان با خشاب فرق دارد

شب شب است و روز روز

خوب خوب است و بد بد

گاو گاو است و تو تویی

بغداد با نجف فرق دارد

نطق که می‌کنی بوی نفت می‌گیرد تریبون

فکر که می‌کنی بوی تند گاز می‌گیرد ایالت متحده

کریستف کلمب نفت

به آرمیتاژ، لوور، بریتیش میوزیوم، و واشـــنگتن

نمی‌رود
ذوالفقار و نجف می‌مانند در جایشان
تنها مانند مردگانمان
تو را با نفت خواهیم شست
در تابوت گاز می‌گذاریمت
تو را در چاه‌های بصره
در شکم شارون
در سیاهی چشم چپ رایس
چال خواهیم کرد

پا بیرون بکش از کفّ‌العباس
در خیمه‌گاه چه می‌کنی ای شمر؟

حتی اگر به جای بوش
نامت را کبوتر بگذاری
من شاعرم و تو را کفتار خطاب می‌کنم
هراسم نیست
از تشبیه و ایهام و واژه‌هایم انگشت‌نگاری کنید
طنز تلخ مرا به گوانتانامو بیندازید
من شاعرم و دلم می‌خواهد تو را کفتار خطاب کنم
درست مثل تو که از وتو استفاده می‌کنی

شب به خیر آقای میز!
تو را به صندلی‌ات سوگند نمی‌دهم
که از عراق بیرون بروی
به صندلی سوگند
که تو جز میز هیچ نمی‌فهمی
نه آیةالکرسی می‌دانی
نه زیارتگاه
نه حدیث موسی خوانده‌ای
نه روایت عیسی
بمان و این همه سنگ را از چاه
خودت بیرون بیار و خودت بمیر

نجفْ قندهار نیست
آقای میز
آقای تریبون
آقای تحریم ...

۱۳۸۳

شعرهایی از دفتر «قطار اندیمشک»

چاپ اول (۱۳۸۴) تا ســوم این کتاب به همت نشر لوح زرین منتشر شد. چاپ تازه‌ای از این کتاب از سوی نشر سورهٔ مهر به بازار خواهد آمد.

۱

قطاری هر شب
از ایستگاه خاطره‌ات می‌رود به اندیمشک
قطاری هر شب
از ایستگاه جمجمه‌ات
تا آتشِ چاه‌های نفت
قطارهای یک طرفه
با پرده‌های چفیه و باران
دریچه‌های قلبت که بسته می‌شود
قطار به تونل رسیده است

نفس که تنگ می‌شود
چفیه را با اشک خیس کن
شیمیایی‌ست
دلت که می‌گیرد
بخواب
خمپاره است
و پیش از آنکه ماسکِ خود را
به ماه تعارف کنی
نخل و ستاره را به عقب بفرست

قطار سوت می‌زند
و جوانی‌ات برایش دست تکان می‌دهد
قطار خالی‌ست
ماه لکوموتیو را می‌راند
و فرشته‌ها
تو را و قطارِ اندیمشک را
به آسمان می‌برند

۲

بلیت ندارم آقا
این چفیهٔ تیرخوردهٔ من کافی نیست؟
ـ کجا؟
آن قطارها دیگر به هیچ جا نمی‌روند
ـ همین قطار بود آقا
ـ همین کوپه
آن یادگاری من بود
ـ نه، این قطار بناست به جادهٔ ابریشم برود
آن‌ها مسافرانِ آلماآتی هستند

ـ آقا قطار امریه‌ای کجاست؟
ـ در آسمان

حالا رسیده‌ام به ایستگاه آسمان
قطار کشتیِ نوح است
جهان
جزیرهٔ مجنون است
قطار
بر دو کوهه می‌نشیند!

مهر ماه ۱۳۸۰

۳

آقا
جایی که لنگه کفش پای چپ بفروشند
سراغ نداری؟

حالا قطار کهنهٔ اندیمشک
افتاده در انبار راه‌آهن تهران
تو افتاده‌ای در گوشهٔ اتاق دو در سه
و دست‌کم
صد عصا شکسته‌ای از اندوه

با این همه
همیشه آخر شهریور
قطار اندیمشک را سوار می‌شوی و
از یاد می‌بری
که این قطارها بلیت می‌خواهند
که آن قطارهای امریه‌ای حالا
در انبار راه‌آهن تهران تنهایند
درست مانند تو
که افتاده‌ای در گوشهٔ اتاق دو در سه!

۴

الان که من نشسته‌ام اینجا
روح قطار اندیمشک
در خاک نیست
الان که من نشسته‌ام اینجا
و قصه می‌گویم:
یکی بود
و دیگری هم بود
و آن که بود شما بودید
و آن که بود
قطار اندیمشک بود!

۵

اینجا تمام میدان‌ها

تمام خیابان‌ها

با کوچه‌ها و آدم‌هایش

در رفت و آمدند

خدای من

چقدر تار!

ـ کی می‌رسد قطار؟

۶

گنجشک‌ها و قناری‌ها در یک صف
به یاکریم‌ها بگو
نماز در ایستگاه بعدی
در ایستگاه شمعدانی و باران
با سوت آخرین
که نوح بیاید
قطار راه می‌افتد
ـ سی‌مرغ در هر واگن
نوح گفت:
همه سوار شوید!
و پرندگان
قطار را به آسمان بردند!

۷

در می‌زنند در خوابم
بلند می‌شوم
در می‌گشایم
نه، این صدای قطار نیست
چرا نمی‌رسد؟
چرا نمی‌رسیم؟
زمین می‌گردد
زمین قطار اندیمشک است
که می‌گردد
در خواب‌های من

۸

سیبی که از درخت فروافتاد
افتاده است
و رودها به کوه بازنمی‌گردند
و عطر این تابستان‌ها
فقط برای همین تابستان است

اما قطار اندیمشک
بازمی‌گردد
با بوی سیب و
پیرهن یوسف

۹

گاهی شده‌ست که این شب‌ها
با صدای جشن پتو برمی‌خیزم
سحر
با صدای خمپاره‌ای
بیدار می‌شوم
مسواک می‌زنم
دهانم پر از ترکش
در آینه می‌نگرم
قطار اندیمشک می‌گذرد

۱۰

در آن قطار
آن شب بارانی
آن پاییز شصت و چار
آن پیرمرد که پوتین کهنه داشت
و از خود من
که آن قطار سرش را
گذاشته بود
بر شانه‌هام
از آن قطار
آن شب بارانی
آن پیرمرد
آن پاییز شصت و چار
آیا کسی
چیزی شنیده است؟

۱۱

و صبح که برخاستم
قطار در خوابم بود
تو دست صبح را گرفتی
من با صبح
با خوابم سوار شدم
قطار از خواب من گذشت
قطار از تونل دنیا گذشت
حالا قطار
در سماع تازه‌تری می‌چرخد
دور از دوکوهه و اندیمشک
دور از منظومهٔ شمسی

۱۴

خشاب‌ها خالی
جیرهٔ جنگی تمام
در کوله‌بارمان جز قلب
جز ترانه و دلتنگی
چیزی نمانده بود
برای خوردن جز مین گوجه‌ای
چیزی نبود
وصیتی نداشتم
جز اینکه روزی تنها
در قطاری که می‌رود به جنوب بنشینید
و فکر کنید
به قطار اندیمشک

۱۳

غروب بود که من
ترمز خطر را کشیدم
کسی نگفت چرا
همه می‌دانستند
خورشید
سوار خواهد شد
و صبح زود رسیدیم
خورشید
پیاده شد
با ما نماز خواند
و رفت تا غروب دیگر
برگردد
با قطار بعدی اندیمشک

۱۴

خورشید هم
حنا بسته‌ست
مثل بچه‌های لشکر آقا...
و ماه
قرآن به دست ایستاده است
از دست ماه
مشک می‌افتد
به بچه‌های حبیب و حُر بگو
حورالعین مفهوم است!
بگو قطار اندیمشک
سه روز دیگر
خواهد رسید

۱۵

کجاست قطاری
که شعر می‌رفت
و قصه برمی‌گشت؟
حالا کوه
قصه‌شان را می‌گوید با ابر
ابر
شعرشان را می‌بارد بر دشت
در خواب خاک
هنوز قطار اندیمشک می‌گذرد

۱۶

این سرفه‌های ممتد و کشدار
به سوت نمی‌مانند
این ابرها
چرا کبود شدند
دود شدند
و شیمیایی شد
چرا قطار اندیمشک؟

۱۷

قطار
از میدان راه‌آهن
به سمت چهارراه ولی‌عصر
به سمت دانشگاه
در حرکت است
در ایستگاه معراج
بر ریل آفتاب می‌گذرد
بر ریل شانه‌های فرشته
باید این ابرها
دود قطار اندیمشک باشند

۱۸

حالا قطاری از سلام
در زیر خاک راه می‌افتد
و می‌رسد چه زود
به کربلا
به وادی‌السلام نجف
این قطار را
نه سازمان ملل می‌بیند
نه ماهواره‌ها
فقط او می‌بیند و
شاعران

۱۹

این بار هم من ایستادم

تو گذشتی

بالابلند

قطار قطعه قطعهٔ اندیمشک

و کوپه‌ها با ضربِ تند می‌گذرند

ـ شلمچه

ـ حاج عمران ...

ـ شمال فکه

ـ فاو ...

ـشلمچه

ـشرهانی ...

ـجزیرهٔ مینو ...

ـشمال فکه

ـفاو ...

ـشلمچه

ـ حاج عمران ...

قطار در باران می‌گذرد

بر ریل شانه‌ها

۲۰

دل‌بر
همین قطار اندیمشک بود
که می‌رفت
و دل‌آور
همین
که برمی‌گشت
حالا کجاست
قطار دلبران دلاور؟!

۲۱

قطار اندیمشک
ساقدوش شماست
در شب حنابندان
نگاه کن
که تشت ماه در قطار
دست به دست می‌چرخد
نگاه کن
چقدر ستاره
چقدر میخک و شب‌بو
پاشیده‌اند بر سرش گل
به عروسی می‌رود قطار

۲۲

برای کشتن و آتش‌بازی نیست که
آمده‌ایم اینجا
تکه‌پاره‌های افق را جمع کنیم
برای همین فردا

۲۳

حالا
قطار بر ریل گلوله‌ها خواهد رفت
سوزنبان بهشت
در سه‌راه شهادت ایستاده است
کنار کانال ماهی
کنار ماهِ گریان
اشاره می‌کند با دست
ـ ادامهٔ مسیر در مه
خدا کند که زمین

به بیست سالگی‌اش برگردد

خدا کند که بیست سال جوان شود

قطار اندیمشک

۲۴

با آن همه شهید که می‌برد
فردا
شهادت می‌دهد
قطار زخمی اندیمشک

۲۵

بی آن همه سوار
زخمی و تنها
چگونه برگردد؟
اسلحه را گذاشتند بر شقیقه‌اش
گفتند:
ـ بازگرد!
بازنمی‌گشت
از یال‌های قطار
خون می‌چکید

۲۶

سربازها
به سمت جلو...
عقب‌نشینی
برای اسب‌ها و فیل‌ها و وزیران است
تمام مهره‌ها به عقب برمی‌گردند
تنها، سربازها...

۲۷

به قلهٔ شیخ محمد
به کوه شرهانی
گفتم: مرا ببخش!
و معذرت می‌خواهم ای دو روزهٔ عمر
و معذرت می‌خواهم ای خاک
و معذرت می‌خواهم
ای قطار اندیمشک

و اینکه چرا تهران ...

۲۸

این عکس را با فرشته‌ای انداخته‌ام
که لهجه‌اش شبیه خود ماست
و آن ابر
که پشت سرش می‌بینی
منم
این نامه را به صندوق خواب‌هایت
می‌اندازم
لطفاً برایم از قطار اندیمشک بنویس

۲۹

نه تخت‌های بیمارستان خالی ماند
نه عشق تمام شد
نه‌سرگیجه‌ها
آن روزها که خودکشی نبود و بود
آمبولانس
آژیر خون ...
و خیابان بند نمی‌آمد
باید میان این همه عشق فرقی باشد
و فرق داشته باشد چرخ زدن در بی‌چرخی

و چرخ
چرخ
چرخ زدن در خون
نه عشق تمام می‌شود و نه تخت‌های بیمارستان
و نه
آژیرهای قرمز و سفید و سبز

۳۰

و بازمی‌گردد
با قطار اندیمشک
بهروز مرادی با آن خروس موجی‌اش
در خط اول
و آن جوان
که در تک شلمچه دیده بودمش
از شانه‌اش هنوز
دو رود خون جاری‌ست
و بازمی‌گردد

با قطار اندیمشک
حمیدگلستانه
و با همان دهان پر از ترکش
می‌خندد
و بازمی‌گردند با قطار اندیمشک
فرشته‌های جنوب

۳۱

گل یا پوچ؟
گل بودند!
آن بچه‌ها که قطار اندیمشک را
چون سنگ‌ریزه
در دست چرخاندند
شما که پشت بازی جنگید ...

۳۲

در این قطار
آرش، ابراهیم
در این قطار سیاوش
در این قطار اباالفضل
در این قطار
صدای نالهٔ مولانا
شیر خدا و رستم دستان ...
عین‌القضات و ضامن آهو
در این قطار
تمامی ایران ...

۳۳

این بار در قطار اندیمشک
میرزا کوچک جنگلی ست
با دکتر حشمت
و بچه‌های لشکر قدس
امروز هم با قطار اندیمشک رفتند
ستارخان و باقرخان
قشون تبریز و
بندر شرف‌خانه
و بچه‌های لشکر عاشورا ...

۳۴

حتی اگر لازم شود
فردوسی برمی‌خیزد
از تابران طوس
بی رخش
رستم روانه می‌شود از زابل
لازم شود
آرش دوباره کمان برمی‌دارد
اگرچه تیر نخستینش
ننشسته بر زمین

Andimeshk Train

By

Alireza Ghazveh

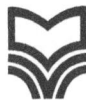

2015